SMITH
WORD SEARCH

INSPIRING WOMEN

WHO SHAPED AMERICAN HISTORY

PaRRagon.

Published 2023 by Parragon Books, Ltd.

Facts © 2023 Smithsonian
www.si.edu

Puzzles © 2023 Cottage Door Press, LLC
5005 Newport Drive, Rolling Meadows, Illinois 60008
www.cottagedoorpress.com

Front cover:
Howard, Miller, J. *We Can Do It!*, 1942, Photolithograph. National Museum of
American History, Washington, DC. Accessed August 25, 2022 from si.edu.

Back cover:
Ferrándiz, Jordi. *Portrait of Sacagawea, Ella Fitzgerald, and Amelia Earhart*,
2023, digital illustration, Cottage Door Press, LLC, Illinois.

ISBN: 978-1-64638-764-9

A portion of the proceeds from the sale of this book goes
to support the Smithsonian's educational mission.

Dr. Mary Walker

```
V B T E M P H O S P I T A L H U B Q
Q H J L B W A R S U R G E O N G L A
P F E M A L E R E C I P I E N T O R
I G S T H G I R S N E M O W K K O R
S Y R A C U S E M E D I C A L J M E
U N I O N V O L U N T E E R O E E S
D O B H B Q Z E R O P S M V S S R T
V I W A Y K G I V Q A C M N W U C E
Q Q B E Q V F O J G D K U U E N O D
N M E D A L O F H O N O R C G Q S F
W P Q G E Q C I V I L W A R O O T A
V R Z C A P T U R E D U E N M X U F
G U P O M E N S C L O T H E S X M J
Y N F W A R P R I S O N E R B A E M
W E I Q I M F P X S D C W D M M U Y
Z K U I B S F P K D O C T O R M V P
Y L D H X J W H O L E A U G X S J G
G S C W O M E N S R E L I E F P I N
```

ARRESTED	RECIPIENT	UNION
BLOOMER	MEDAL OF HONOR	VOLUNTEER
COSTUME	MEN'S CLOTHES	WAR PRISONER
CAPTURED	OSWEGO	WAR SURGEON
CIVIL WAR	SYRACUSE	WOMEN'S RELIEF
DOCTOR	MEDICAL	WOMEN'S RIGHTS
FEMALE	TEMP HOSPITAL	

Dr. Walker was a Union War Department surgeon during the Civil War. She received the Medal of Honor in 1865 for her valor in treating the wounded during battle, making her the only woman ever to receive one.

Michelle Obama

```
M A C S R E W Y D A L T S R I F B Z
O V Z T B O R Y U E Z Y L Z T G H I
I B A W X K B E C O M I N G E I A K
D Q A N C J N I T Z G C S Z E R R B
K W B M R L Z O N I X H N D O L V Y
H Y K C A U C L T S R V O B R S A X
D D M T F F K G Z E O W U J E E R L
X Q I O D B O U A V C N R R Z D D L
Q J V D M P Y U R R Q N D T W U L A
Q R O Y X I Z E N I D T I P R C A V
E R E G K Q N Q N D C E S R D A W A
W M E W Y H S C B R A Q N J P T P U
L E T S M O V E H D O T E E I I S G
L V Q S P Y Z M X I A T I P R O X H
P U B L I C A L L I E S T O Z N Q N
V C R R O R E H T O M F W A N X G P
H U W E L O H W Q R R E J X X H M O
F B B A O G A C I H C L O C V G M O
```

ATTORNEY	GIRLS' EDUCATION	OBAMA FOUNDATION
BECOMING	HARVARD LAW	PRINCETON
CHICAGO	LAVAUGHN	PUBLIC ALLIES
FIRST LADY	LET'S MOVE!	ROBINSON
GARDENER	MOM-IN-CHIEF	WRITER
	MOTHER	

Michelle Obama is a lawyer, mother, writer, and the first African-American First Lady of the United States. She is a role model for young women and girls, advocating for higher education and female leadership.

Jane Addams

```
S E T T L E M E N T H O U S E U T T
G O D H V X G S M R T D J V L S Z I
A X G U G G E F F P C O I F I Z Y J
R R Y M H E S F N H I W I L C E K F
B E B A U T M A I V C D A P I I E U
A K M N L E E C W S E N H F V M I D
G R I I L G A T K Z O I W N I Q F R
E O S T H G T R I I L Y E N C U X O
I W S A O U Y R T A E C I Y S X G F
N L S R U T P A N V A S B U E X W K
S A T I S C N T Z E T F T U R C H C
P I A A E R H E P R X Y O T V Q O O
E C R N E R R L M C H D L Z I I L R
C O R T O O E H C G U L V N C R E N
T S N P Y B X F Q U N W U X E C Z E
O I Y F O A B F S S B A P P F M F B
R M W N E L L I V R A D E C P W C R
B O A R D O F E D U C A T I O N G B
```

BOARD OF EDUCATION

CEDARVILLE

CHICAGO

CIVIC SERVICE

FEMINIST

GARBAGE

INSPECTOR

HULL HOUSE

HUMANITARIAN

INTERNATIONALIST

MISS STARR

NOBEL PEACE

PHILANTHROPY

PRIZE

ROCKFORD

SETTLEMENT HOUSE

SOCIAL WORKER

As an activist and social worker, Jane Addams worked tirelessly to help others and eventually founded Hull House to help Chicago's poor. In 1931, she became the first American woman to win the Nobel Peace Prize.

Katherine Johnson

```
O J D Y G R A A S A N Z P M Y P U B
L W E S T V I R G I N I A G B A L O
K N F W H O L E R L O T U C W A R S
J S Z T R V W M Q N H U A U C B E T
Y G Z Y T T N G E E V L Z K I Z F H
X B U K X T I E M B C G S T Y K Q G
R Q B Y N W R A N U Q T A L Z W I I
K C F W Q K T R L I U L A B K N Y R
W I D O W I C A E D M N B C T E S L
K O H L C X T H E I A O X E L N E I
S O X I U I I N S H I N G G A I L V
P W A L O Z T S P O X R N Q B G T I
A N P N E B I C N O A A D A T A A C
C N Q R K O T D F T L R H R S P R K
E C O N N C T X E B F F D N K J I I
E M F V R E S E A R C H G Z K Q G X
M C U S X L S F W P Q I S S B K R P
D R E X P L O R A T I O N B A B C J
```

ANALYZE	EXPLORATION	PIONEER
BLACK STUDENT	INTEGRATE	RESEARCH
CALCULATION	LANGLEY	SPACE
CIVIL RIGHTS	MATHEMATICIAN	WEST VIRGINIA
DATA	NASA	WIDOW
	ORBITAL MISSION	

In 1961, Katherine Johnson calculated the flight path for America's first astronaut launched into space. For her computations on America's first human spaceflight project, Freedom 7, she became the first African-American woman to have her name on a technical paper issued by NASA.

```
S A O W H I E J Z K I J Q E R J Z K
U S O G V J M S D A I S Y F N D J F
J P G I G I R L G U I D E Z H S C R
L A N R W G F O U N D E R S C Q H W
H Z J L U H C A Z K I E Q H C E O I
L R M L I P P U I E Z H A O A O R E
T F Q E T B I V M A X R U R F C L G
S U D D A E S C L B A R I K O O E K
A V O D L N D B U C A N H M H O P M
V Z G C Q W L T T G G C M W R L X D
A E P W S I D E E L E U V G Q M T O
N Z B J A L R W O Q N S I T Y D D Z
N I S R G Y R S Z I F A S A T B H D
A S T H D U S I T E Q C L S V T T S
H V T O R R H Y G J R L Y X P Y A V
C O N F I D E N C E R O I B E E C D
I Z Q T R O O P N T O L A L Q S B Z
U K E Y O U T D O O R S K C R F H W
```

BADGE	DAISY	HEARING LOSS
CHARACTER	FOUNDER	OUTDOORS
COMMUNITY	GEORGIA	SAVANNAH
CONFIDENCE	GIRL-LED	TRAILBLAZER
COURAGE	GIRL GUIDE	TROOP
	GIRL SCOUT	

In 1912 Juliette Gordon Low created the Girl Scouts of the United States. She was inspired to create a group where girls could gather to celebrate their unique qualities and strengths. Today, there are more than 2.5 million members worldwide.

Dorothy Vaughan

```
S H L F I M L Z J A R R C X I N P U
N B L A C K S U P E R V I S O R Z A
O W K H R P H A N D B O O K G E E M
I I A Y N M M D L K L M Q M R R X L
T L N C R L I J F H K D R O O L D K
A B S M A C H I N E L M J N Y Y L S
L E A R J A F X G L J H A A N M M E
U R S W E S T C O M P U T E R S A G
C F C Q T M H I I A T E R M W T T R
L O I N Y S M A E I N P V N E L H E
A R T S I U D A C X M G G L M O Q G
C C Y Z U E J A R H J U A I N A R A
P E X Y B S L A N G L E Y X S L Y T
E F A C I L I T Y M O H W A W P I E
I Q D N W H O L E S D R N X A R Y D
A C M P N Z D A M C H Q P V C I O I
D E Y H T N Y B P K E S N C K W Z X
A L G E B R A I C M E T H O D W G Y
```

AERONAUTICAL	HANDBOOK	NASA
ALGEBRAIC METHOD	KANSAS CITY	PROGRAMMER
CALCULATIONS	LAB	SEGREGATED
FACILITY	LANGLEY	WEST COMPUTERS
BLACK SUPERVISOR	MACHINE	WILBERFORCE
	MATH	

Dorothy Vaughan was a mathematician and computer programmer for the National Advisory Committee for Aeronautics (NACA) and for NASA. In 1949, she became the first African-American woman to be named a supervisor at NACA.

Sandra Day O'Connor

```
P N Q D R E P U B L I C A N V F I E
N P V L S U P R E M E C O U R T M C
H S O V S K J L A W R E V I E W P I
G S T A N F O R D M E B X A D I P T
H H F K D K K W V N P L B N N U W S
N O F O R E I G N L A W O S H G R U
U Z J F P U R H K J S W Q H M O P J
M E D A L O F F R E E D O M W S T P
U R S J S X E U S R O R E Z M L O O
W N Z I H U C Y I C I V I C S L E L
N K L D H L E T X M P R B L V I G I
L U M A G N A C U M L A U D E D D T
U L L U F R E W O P G V T T U L U I
K Z H F T M E T A I C O S S A C J C
M X D Q H K U K E M Q D O O B V W I
E C O N O M I C S B T Q D B Y J Z A
Q D X L N F I R S T F E M A L E L N
Q L A W S C H O O L K Z R N C F E Q
```

ASSOCIATE	JUSTICE	POLITICIAN
ECONOMICS	LAW REVIEW	POWERFUL
FIRST FEMALE	LAW SCHOOL	REPUBLICAN
FOREIGN LAW	MAGNA CUM LAUDE	STANFORD
ICIVICS		SUPREME COURT
JUDGE	MEDAL OF FREEDOM	

Sandra Day O'Connor was the first woman nominated to the United States Supreme Court and the first appointed. She remained active in public service following her retirement from the court in 2005.

Mary Jackson

```
F N F N S M G C Z E R O S R A K K F
R A I P P W X M R J I G U F G I A X
E S R D H Z P L G S E Y P D Q N T V
H A S X Y H R V A S N Y E I C G N J
C D T M S D O W P R G Z R B O S E T
A O B T I R G I O B I V S O M T M L
E N L W C P R O L R N H O O P R I X
T N A L A R A Q L G E X N K U E R W
H P C X L S M C O Y E H I K T E E M
T R K I S T M C G O R A C E E T P N
A E F C C I A U R V W M L E R W X W
M S E E I U N B O U H P P P P A E C
L S M A E R A O U K O T H E O I R T
K U A C N C G H P X L O T R O W W C
G R L H C E E F I Y E N U Z L G T C
Y E E X E R R X F T F N W X Z V Z T
M W I N D T U N N E L U E L E W G O
E Q U V V E U C X K A E R P F O U B
```

APOLLO GROUP

BOOKKEEPER

COMPUTER POOL

ENGINEER

EXPERIMENT

FIRST BLACK FEMALE

HAMPTON

KING STREET

MATH TEACHER

NASA

PHYSICAL SCIENCE

PRESSURE

PROGRAM MANAGER

RECRUIT

SUPERSONIC

WIND TUNNEL

Mary Jackson became NASA's first African-American woman engineer in 1958. After putting her name to a dozen NASA technical papers, she took a management position in the agency's Office of Equal Opportunity. In that position, she had a direct impact on the hiring and promotion process for the next generation of female scientists, mathematicians, and engineers at NASA.

Julia Child

```
E  P  V  X  N  C  T  V  S  H  O  W  V  F  S  S  U  P
C  O  R  D  O  N  B  L  E  U  E  P  R  V  T  W  P  V
L  R  E  S  E  A  R  C  H  E  R  E  B  R  R  U  F  Y
B  A  O  E  G  T  V  S  B  A  N  Z  A  K  A  E  C  V
G  Y  X  U  A  H  O  Q  T  C  D  U  Y  C  T  C  A  Q
F  E  V  Q  X  S  C  P  H  T  T  X  O  R  E  N  M  A
A  Y  E  F  I  N  K  F  S  H  K  O  F  Y  G  E  B  D
S  U  Z  U  A  E  O  C  O  E  K  E  K  J  I  V  R  W
Z  Y  C  V  F  O  U  R  U  B  C  Q  P  Y  C  O  I  G
U  E  G  H  D  W  G  K  O  X  Y  R  F  J  S  R  D  C
X  L  R  W  T  G  X  O  I  M  C  A  E  Z  E  P  G  V
B  N  F  O  S  K  K  C  P  G  H  U  S  T  R  N  E  W
S  M  A  I  L  L  I  W  C  M  E  U  Y  A  V  C  K  P
B  E  C  K  C  P  A  R  I  S  F  L  X  P  I  E  I  O
Y  T  C  Y  Z  S  B  F  P  O  N  K  N  S  C  B  S  N
C  M  F  T  K  I  T  C  H  E  N  K  Z  E  E  S  U  O
Y  W  H  O  L  E  N  Q  Z  W  X  N  G  I  Q  A  B  A
K  O  U  I  M  S  N  J  N  Y  G  H  V  O  D  F  B  C
```

AUTHOR	FRENCH FOOD	RESEARCHER
BECK	KITCHEN	STRATEGIC SERVICE
CAMBRIDGE	KNOPF	
CHEF	MCWILLIAMS	TOP-SECRET
COOKBOOK	PARIS	TV SHOW
CORDON BLEU	PROVENCE	

American chef, cookbook author, and television host Julia Child began studying French cuisine after WWII, when her husband was posted to the embassy in Paris. During the war, she worked as a "top-secret researcher" for the OSS, the predecessor of the CIA.

Pocahontas

```
I  C  I  V  I  L  I  Z  E  D  S  A  V  A  G  E  W  W
H  Z  A  M  S  P  O  W  H  A  T  A  N  U  U  Z  O  P
F  Q  K  L  C  J  B  H  W  Z  D  Q  W  H  R  Q  K  T
A  X  J  H  O  H  B  P  O  K  O  P  A  V  Q  U  I  W
F  U  T  O  N  E  S  L  T  U  V  C  Y  M  D  D  E  S
Z  E  R  O  V  R  H  D  T  Z  A  A  T  A  E  K  E  C
G  R  A  V  E  S  E  N  D  M  X  H  U  W  U  T  X  A
B  K  P  W  R  J  G  U  M  U  Q  G  A  T  T  A  L  P
N  U  E  H  T  Y  A  O  S  K  H  T  J  L  T  M  W  T
E  J  O  O  Y  H  C  M  X  T  E  T  E  K  J  O  N  U
R  Q  Q  L  O  A  E  X  E  R  S  M  H  Z  I  N  A  R
Z  I  L  E  N  C  N  R  O  S  E  G  F  D  E  U  T  E
Z  Y  W  E  C  T  S  K  Y  N  T  K  X  O  P  T  I  D
I  M  S  K  A  K  A  O  T  A  M  O  R  Q  G  E  V  Y
N  T  E  R  E  B  E  C  C  A  T  I  W  Y  C  C  E  A
H  T  D  N  Y  A  J  R  O  L  F  E  B  N  P  D  T  V
L  G  F  T  D  U  G  L  X  M  H  A  J  H  H  B  T  Y
P  F  H  X  M  T  H  G  C  O  L  O  N  I  S  T  V  W
```

AMONUTE	DAUGHTER	REBECCA
CAPTURED	GRAVESEND	ROLFE
"CIVILIZED SAVAGE"	JAMESTOWN	SETTLEMENT
	MATOAKA	TIDEWATER
COLONIST	NATIVE	TSENACOMMACAH
CONVERT	POWHATAN	

Pocahontas, known as Matoaka, was a member of the Pamunkey tribe. At sixteen, she was captured by English colonists and taken to Virginia. She is the definition of bravery and resiliency, credited with helping settlers survive in the New World.

```
J W U O H M W W N Y S N D Z K F J M
M L W H O L E G F C P A J E C O F L
C H I M P A N Z E E M E N R V L O B
Z M P N H H J G N E Y V Z O H J V C
F R M V G B E V R E S B O I U S V P
C O C O N S E R V A T I O N B B G M
B B E P Z K R E S E A R C H M Z R R
E C A E P F O R E G N E S S E M E Y
Q L E A N T H R O P O L O G Y A Y P
W V D P Q G U T V N B X U Q J V B K
P R I M A T O L O G I S T U D Y E P
H O D M U Y O X Z C M C A X O C A F
F F V F I E L D J O U R N A L E R Y
W E X H J G V F E A A Y X J W T D H
F Z L W F L O I N S T I T U T E J G
N A I R A T E G E V M P V P F H Y W
G O H A T A N Z A N I A N P R X F D
N F J H R U S T Y N G O M B E F G M
```

ANTHROPOLOGY	GOMBE	PRIMATOLOGIST
CHIMPANZEE	GREYBEARD	RESEARCH
CONSERVATION	INSTITUTE	RUSTY
DAME	MESSENGER OF PEACE	TANZANIA
FIELD JOURNAL		VEGETARIAN
FLO	OBSERVE	

Armed with a notebook, Jane Goodall traveled to Tanzania in 1960 to observe the behavior of chimpanzees. For more than fifty years she's taught the world about species conservation and how we can help take care of our shared planet.

Phillis Wheatley

```
C L O F Q P O E T E S S Z O G R F Z
B P M M F B B C X A I A E V Z I E Q
O U G P L E M E A T A T R V A O T A
S B C M L L Z L F N M L O A M T E T
T L S L I E S E H E B I G R X B M U
O I G Y C G S B Y M I T A I P O A W
N S D Y J I S R X E C E M O B K N D
V H P R R A E A T V P R B U M Q C R
V E P E D C N T S O E A I S J H I C
R D C V E G S E E M N R A S B W P Q
D D K A T F L D N X T Y L U F I A S
B Y T L A D A D E M A M Z B A N T F
L W Q S C M V I G S M O B J C L E J
H H O I U I E V A I E T F E N P D S
G O Z T D U D I L T T H E C T K U B
I L W N E B G N V F E E Q T C W J F
B E P A Q Q K E W I R R R S K Q N K
I C C Z V A B Z W V J A M Q Z T F E
```

ANTISLAVERY	EMANCIPATED	MOVEMENT
BELL	ENSLAVED	POETESS
BOSTON	GAMBIA	PUBLISHED
CELEBRATED	IAMBIC	SENEGAL
DIVINE	PENTAMETER	VARIOUS
EDUCATED	LITERARY	SUBJECTS
ELEGIAC	MOTHER	

When *Poems on Various Subjects, Religious and Moral* was printed in 1773, Phillis Wheatley became the first Black woman to publish a book of poetry. She was enslaved when her book was published, but was emancipated shortly after.

Mary Cassatt

```
W N V J D T K A X M O X H O E G N P
H H Q G A C P F T A A A W A A P R B
I L O Q L T F K S N V J T T K R E M
G Q S L W Z K J I D A I Z I I I Y O
H B Q N E Q T N N O N R E O E N E T
L L Y J Y C P D O L T X C P V T M H
Y F F E G L A G I I G S N E U M E E
T U O X U Y R B S N A R A R M A V R
R E U I L H I W S P R E R A F K A L
A Z N L Z R S G E L D T F V I I H Y
I V Q K G D S R R A E A Y J N N M B
N A M Z E V A N P Y Z E R O E G Q O
E E I G E A L K M E U H A H A O C N
D I A M C Y O G I R Q T Z R R T K D
T S U Y C S N I C C F Y C Y T A N Q
J U E X H I B I T I O N W E S K S C
A L L E G H E N Y C I T Y V C T V P
V J S O O S L D P A I N T E R I B Z
```

ALLEGHENY CITY	HAVEMEYER	OPERA
AVANT-GARDE	HIGHLY TRAINED	PAINTER
DEGAS	IMPRESSIONIST	PARIS SALON
EXHIBITION	MANDOLIN PLAYER	PRINTMAKING
FINE ART		THEATER
FRANCE	MOTHERLY BOND	

Mary Cassatt was an American painter and printmaker. She is best known for her work depicting mothers and their children. And she was the first American artist to exhibit in association with the Impressionist artists in Paris.

Henrietta Lacks

```
E F L C O L L E C T I N G R K X C C
R R R O M U T R A D I U M B O S J F
A A A E E I I N V I L N M Y P Q X S
C C H T R E A T M E N T D O U T X N
L I N M W R E S E A R C H D R K D I
A A I M M O R T A L L I F E H J F K
C L F Y P R E P R O D U C E P U O P
I I H R K X L H H I C P Q G C C X O
D N Z C W G M N E N C E L L S J A H
E E C E R V I C A L C A N C E R W S
M Q M E H Y T K B E A R V V W P L N
K U J W G V V B H L F T L T H Z L H
C I E E C V Q S A C Z L T Q O U Y O
A T C O N S E N T Y G E L N L O U J
L Y Y H G Y C C T Y H E R J E Q M D
B V E L G A I Y K A X P E O E M U Z
X U K H M O T H E R G B N Z O T W A
H O W A R D J O N E S U W S R V O N
```

BLACK MEDICAL CARE

HELA

RADIUM

CELLS

HOWARD JONES

REPRODUCE

CERVICAL CANCER

IMMORTAL LIFE

RESEARCH

COLLECTING

JOHNS HOPKINS

TREATMENT

CONSENT

MOTHER

TUMOR

RACIAL INEQUITY

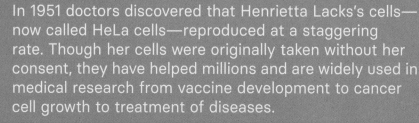

In 1951 doctors discovered that Henrietta Lacks's cells—now called HeLa cells—reproduced at a staggering rate. Though her cells were originally taken without her consent, they have helped millions and are widely used in medical research from vaccine development to cancer cell growth to treatment of diseases.

```
U P A C G T Z O S D O P G T Z V P A
K A R A Q Z E A C T R E S S D G R I
V G E O D Z U L T H L C C Y D N C Z
X R B C D J E S A E E X O V A G J W
O V N K B U S O X Y G C M Z A M A W
N A J Y T S C T H W E U E K B K T E
A Z Q X E N C E A S N Y D C F M R M
N O P C L S E V R R D E I H L L L M
T L E Y E X L W M T P C E K Y T L Y
I O L H V G N O X D X Z N X N B A I
C V E P I H S I T C O M N L S O A S
S E V Q S J D X G A J H E X D G O N
B E E H I O I T O O D R A C I R O S
L G J I O E B N K U L I S E D A S U
U E S S N G N L K P Q F C H F W C V
C X J A E J A Q X S H L H T I Q B M
Y W C K R Q Z W L T M C R M Z J S U
S P Y F J C J W C V Y K B Y S G R N
```

ACTRESS	DESILU	PRODUCER
ANTICS	EMMY	RICARDO
ARNAZ	HIJINKS	SITCOM
CBS	LEGEND	STAR
COMEDIENNE	LOVE	TELEVISION
	LUCY	

Best known for delighting television audiences on her show *I Love Lucy*, Lucille Ball was a groundbreaking comedienne who appeared in more than 70 films by 1950. Co-founder, with husband Desi Arnaz, of Desilu Productions, she bought the company in 1962, becoming the first female head of a Hollywood studio.

Madam C. J. Walker

```
I  C  D  J  I  W  C  I  E  S  H  C  G  Q  E  Z  I  J
H  A  N  D  S  E  L  L  T  P  A  X  I  S  B  X  P  H
Q  P  W  Z  O  Z  B  O  N  I  X  V  H  B  R  A  K  X
R  C  I  N  G  E  W  P  N  H  M  A  M  E  E  U  T  W
J  U  D  D  L  R  A  H  A  S  I  O  P  V  E  P  P  V
E  L  O  R  O  O  L  I  T  R  T  N  A  U  D  L  T  G
N  T  W  M  S  U  K  L  C  A  S  L  E  E  L  C  P  G
T  U  X  I  S  F  E  A  O  L  G  S  O  Z  O  Q  Y  G
R  R  S  L  I  N  R  N  A  O  V  A  D  T  V  H  N  M
E  A  E  L  N  E  S  T  J  H  N  R  M  V  E  T  W  Q
P  L  L  I  E  I  Y  H  T  C  A  A  B  X  X  G  P  W
R  I  F  O  G  Y  S  R  F  S  H  H  A  S  O  X  B  U
E  S  M  N  Q  T  T  O  W  D  P  G  E  E  I  Y  D  C
N  T  A  A  J  U  E  P  G  N  R  A  L  X  C  T  T  O
E  C  D  I  P  A  M  I  T  U  O  B  O  M  C  C  C  L
U  Z  E  R  I  E  W  S  R  F  U  K  H  T  H  Y  K  N
R  C  J  E  J  B  Q  T  R  C  U  J  W  H  H  U  A  M
H  K  U  D  T  T  B  L  A  C  K  H  A  I  R  K  G  R
```

BEAUTY	SCHOLARSHIPS	PHILANTHROPIST
BLACK HAIR	GLOSSINE	SARAH
BREEDLOVE	HAIR CARE	SELF-MADE
CULTURALIST	HAND-SELL	WALKER SYSTEM
ENTREPRENEUR	MILLIONAIRE	WIDOW
FUND	ORPHAN	

Madam C. J. Walker became the first self-made female millionaire in the United States when she created her line of successful hair care products designed to benefit Black women. She became a philanthropist, often donating to Black organizations and causes.

Billie Jean King

```
X F V W M F H A L L O F F A M E K X
B K H R T L F F C K K D B Y X S F P
M A R F I T Q N L B Y W H O L E E H
Y O T U S O P E N C G W Q U Q A D I
O C M T S I N I M E F D I Q D K E L
F T J G L D X O J I I Q D O R X R L
T K W O M E N S D O U B L E S E A I
R W N G J K O N C R K F R V A X T P
M E D A L O F F R E E D O M U O I M
W E E A J Q W H T N S D F R N N O O
T C W M T O U R V H Y J N Z S C N R
E P A W K L H J X M E F D U W T C R
N G R A N D S L A M J S M S O O U I
N B O A R D M E M B E R E P D F P S
I I B V S C A P T A I N W X N I S J
S G H W I G H T M A N C U P E L X X
T W O R L D N U M B E R O N E S H O
U I G A K J Z E R O K Q E T T U G J
```

BATTLE OF THE SEXES

BOARD MEMBER

CAPTAIN

FEDERATION CUP

FEMINIST

FOUNDER

GRAND SLAM

HALL OF FAME

MEDAL OF FREEDOM

PHILLIP MORRIS

TENNIS

TOUR

US OPEN

WIGHTMAN CUP

WOMEN'S DOUBLES

WORLD NUMBER ONE

Billie Jean King is an American tennis player who broke gender barriers in sports when she defeated Bobby Riggs in the "Battle of the Sexes" match in 1973. She's also won 39 Grand Slam titles and 20 victories at Wimbledon.

Mamie Till-Mobley

```
C G D T C G H B K R S B T V J J G E
N X R E C J Q R E R M E D Q C U R B
Z H O A I O D C Z M E C R V O S E E
V X T C V L R H D L M N T U C T A T
G E A H I O A B O I X E N L O I T S
G L C E L Y G H X R X C T M U C M I
C T U R R O W M L E C O B T R E I V
W I D S I L D I O W A N Y H T R G I
K Y E C G A F S G U M N A W H N R T
O G D O H R U S M O P I Y H O V A C
R R D L T E E I Q K A F E G U F T A
F J T L S K Z S R A I O V O S X I W
S C Z E V A E S G Z G H O Z E C O R
C Y C G T E R I R B N T U Q D C N F
J G D E H P O P D E H A Z Z U W D R
V C I H E S T P F X U E V O X F P P
O G A C I H C I M U R D E R H E F L
O P E N C A S K E T U G T E C M V W
```

ACTIVIST	EDUCATOR	MURDER
CAMPAIGN	EMMETT	OPEN CASKET
CHICAGO	GREAT MIGRATION	SPEAKER
CIVIL RIGHTS		TEACHER'S COLLEGE
COURTHOUSE	JUSTICE	
DEATH OF INNOCENCE	LOYOLA	
	MISSISSIPPI	

After her son, Emmett Till, was brutally murdered by two white men, Mamie Till-Mobley became an advocate for social justice for the rest of her life. She was dedicated to protecting her son's legacy by educating people about racial injustice.

```
Q L C N G S S R W G K B P U B N D A
B L S F D I W O F L A N W L A P F L
X Y M O H R O C A L R T X P N Q W V
Q P D U R R H H T A R K K T T X O T
S R C G Z E N E N B E U P C D T Z H
E L O H T K Z S N O S E V F I U I E
N H N T N A H T Q R T E P N A D J R
E V V P E E U E V R G S G B J N F E
C E E W D P P R V I N J O F X X E V
A W N V I S F J O G T L B V F Q Q O
F H T Z S C M K C H I V Z G U Q U L
A O I Y E I A K S T R E E A E F A U
L L O O R L U J I S X J K W E Z L T
L E N V P B O O O T S E L T D E P I
S C A B N U N F J V R E F J K R A O
I H T E M P E R A N C E O G H O Y N
P T B R O W N E L L E W Z Z T L D P
A Y T S I G A R F F U S K P X G G T
```

ABOLITION

ARREST

BROWNELL

CONVENTION

EQUAL PAY

FOUGHT

LABOR RIGHTS

PRESIDENT

PUBLIC SPEAKER

QUAKER

ROCHESTER

SENECA FALLS

SUFFRAGIST

TEMPERANCE

THE REVOLUTION

VOTING

Susan B. Anthony is one of the most recognizable American suffragists. An activist for many causes, she's best known for her dedication to women's rights. She helped form the National Woman Suffrage Association, which fought to give women the right to vote.

Billie Holiday

```
P A N I G H T C L U B L X W W G U G
P O R E C O R D O L A D Y D A Y P P
M Q C O U N T B A S I E X S G J S U
P W W G I A T N K R S L S X A O X S
I A D N H G R E Y Y D K U Z P I T B
Z E R O D S T H X H V T Z H X D A E
W Z Y Y B R U N S W I C K V I A P H
X E L E A N O R A H A R L E M R E Z
T S I S O H R R I C Y I C V Y L Z Z
R U U M X X O K R E G N I S O G U U
B B Z T Q C R C M V M W W H U S V L
O S U C T U B G C Z C I W C N N V Z
Y K K B X H O D S D N B U G X H B K
K Y B P C A R N E G I E H A L L A R
X D Q D Q N X S J F E W N G Y Q N F
G A R E M A F F O L L A H J R B D G
H C J T C N I Q A Q J T D U R P A Y
F I J G R A M M Y A W A R D T M X Q
```

BAND   HARLEM   NIGHTCLUB
BRUNSWICK   GRAMMY AWARD   RADIO
CARNEGIE HALL   RECORD
CIRRHOSIS   HALL OF FAME   SINGER
COUNT BASIE   JAZZ   SWING
ELEANORA   LADY DAY

Billie Holiday, or Lady Day as she was nicknamed, is one of the most influential jazz vocalists in music history. In 1938 she became the first Black singer to headline an all-white band when she sang with Artie Shaw's Orchestra.

Sally Ride

```
F R O B P Q Q R W Q V B Z E R O P Z
X E G Y D R K H I P F L G B T Q Y R
Y C A I E Y S H U T T L E U U O T M
X A T H O M S O N V U P B J I R I M
L P A S T R O N A U T G B F A S B E
H S L T A U B T F Q Y P Y I S S X A
X S R R Q B W H O L E E N I Y K D Z
I U I K I S L R P G G I O U U P V Q
C H A L L E N G E R N N W H W W O D
W M F L L D K C N G Y B W I Y Q F E
H V N S C A T T E R I N G K Q F L L
N N O N L I N E A R O P T I C S I Z
P H Y S I C I S T J G K N V H C G G
G B Y O U N G E S T P Y P Y C H H R
R I T B W K Y F K M W M H W T V T A
J U C O H X W T S T A N F O R D U I
T I I O X N C P W C O Z W O K W C L
Z R N F X E N A S A M C Y B G Y U V
```

ASTRONAUT	NASA	SPACE
CHALLENGER	NONLINEAR OPTICS	STANFORD
FLIGHT		THOMSON
GRAIL	PHYSICIST	TRAINING
LGBTQ	SCATTERING	YOUNGEST
MISSION	SHUTTLE	

Sally Ride became the first American woman in space when she traveled on the space shuttle *Challenger* in 1983. Her involvement at NASA has paved the way for other women and girls to see themselves as scientists and astronauts.

Celia Cruz

```
S U H S L D H E T I S A F Q B W N B
W I E I A Z U C A R O Z F U K U X C
L R H N T E G D A O N M W I U Z U H
P X S G I H T J E O O C H M D P Y I
B P G E N A V T H P R A O B G G I Q
W G U R G V O E O P A R L A J F D Q
B P A G R A C L N C M B E R B N R E
T E R U A N A E O G A E Q A U S U A
I R A M M A L N R P T M G A U S M A
C J C H M R I O I U A B O T Y R B T
U S H C Y F S V S T N A L B E V A O
B R A V S O T E C E C C D V B E D E
A H S L A V M L A R E O A A G T R P
N V E N S B E A U A R L L D Z X E S
E A B M S A E S S B A O B T V I S G
L M R M A G Z A A A U R U I A I S T
Q E N E M L Y L S C P A M D D Q E S
W Z U Z E R O O N H M W O N Y E Z L
```

AZÚCAR	HAVANA	SALSA
BEMBA COLORÁ	HONORIS CAUSA	SINGER
CABARET		SONORA MATANCERA
CUBAN	LATIN GRAMMY	
GOLD ALBUM	QUIMBARA	TELENOVELA
GUARACHAS	RUMBA DRESS	VOCALIST

Known as the "Queen of Salsa," Celia Cruz was a Cuban-American singer. She received two Grammys and three Latin Grammys throughout her career and was one of the most well-known Latin artists of the twentieth century.

Hedy Lamarr

```
J H O L L Y W O O D C I Q U N P L T
V W J Q S C V K C W L L Y Q A C K U
A K F S X P P E K A I Q H M I F Q W
C I N V E N T O R R L L M U R W W K
T I U P C W P N R B R H V E T S M W
R T P J L Y U U C O M I D U S Z K T
E M N T E L O H W N F D T Y U E S O
S E Q G H H S Q F D Y P X U A R K R
S E H O P P I N G S I G N A L O B P
N P A L L I E S A E M L P H J W H E
K D T S F H Y T J L L G T A E H E D
R H O E N V S N N L I T Q L P R D O
Z X W D V C D B S I F G I I A H W E
L W S C E A J C S N N D B L T G I S
T K H C T Y V W N G O R C E E T G F
I H A L L O F F A M E D G N K G T
R A D I O G U I D A N C E H T U W K
R T B F C I Q M U F S L S C H M B I
```

ACTRESS	FILM	INVENTOR
ALLIES	HALL OF FAME	PATENT
AUSTRIAN	HEDWIG	RADIO GUIDANCE
DELILAH	HOLLYWOOD	TORPEDOES
ECSTASY	HOPPING SIGNAL	WAR BOND-SELLING
EVA		

Best known as a movie actress, Hedy Lamarr was also an inventor. During WWII, she helped to develop a radio-signal system that would one day be incorporated into Wi-Fi, Bluetooth, and other inventions used today.

Ruby Hirose

```
C X C S Y G O L O C A M R A H P X F
H T Q K B T G M B P I S X R G A V O
E O U X P P R D V A C C I N E V Z M
M W Z O A K D E G D Y K G Q R N W K
I S L Z R Q X P A V I J G B A C Q N
S F U M A Z F E O T D X J O W Y H K
T T O B L H X W X L M F R J D C O N
R B K F Y L P P Q Q L E X T R V N P
Y A K E S D G F Z W M E N C J Z A Y
Y A N T I T O X I N S R N T A S B S
O D L T S F O K M V I G C W P E S K
S Y A C Y D H A Y F E V E R A R Q B
H T I E E X T R A C T S X W N U L M
D J Z V B I O C H E M I S T E M A Z
U L L I A I R E H T H P I D S S X K
B A C T E R I A M U A C L A E D I M
N B Z T C N I S E I I V W C E B C F
P N K X Y P N T P H J J Y H N T B X
```

ANTITOXINS	EXTRACTS	PHARMACOLOGY
BACTERIA	HAY FEVER	POLLEN
BIOCHEMIST	JAPANESE	SERUMS
CHEMISTRY	LAB	TREATMENT
DIPHTHERIA	NISEI	VACCINE
	PARALYSIS	

Ruby Hirose was a Japanese-American biochemist and bacteriologist who was recognized by the American Chemical Society in 1940 for her scientific work. Later, she made major contributions to the development of vaccines against infantile paralysis.

Ketanji Brown Jackson

```
W F W N O M I N A T I O N L M L U S
S K S P E C I A L C O U N S E L B E
U L M E T Y M M A J B W Q P B Z L R
P N A O F W T I O W L U P O R L U X
R S L W J O V F H W A N U N N F T H
E E Q D R X S J T J C I B O E E M E
M N R A O E U X B V K V L I H D O A
E A O N T S V N Z W L N I T L C C R
C T S V T T Q I X Y A B C A C L B I
O E R I J V O V E N W W D M P E E N
U B C E E B S R S W Y L E R I R N G
R E Q F J D P Q N O E N F I D K C P
T A N H V U P H U E R P E F T Z H X
H A R V A R D H F R Y J N N I B S S
A C U S Q B D G I T J M D O T A C Q
E P M R I A H C E C I V E C V Y U A
B R X D O Y O G R S F H R N S V D C
W B R Z L S Z E C H L V X K O H I W
```

ATTORNEY

BENCH

BLACK LAWYER

CLERK

CONFIRMATION

HARVARD

HEARING

JUDGE

JUSTICE

LAW REVIEW

NOMINATION

PUBLIC

DEFENDER

SENATE

SPECIAL COUNSEL

SUPREME COURT

VICE CHAIR

In 2022, Ketanji Brown Jackson became the first Black woman to serve on the United States Supreme Court. A graduate of Harvard Law School, she worked as a public defender and then as vice chair of the US Sentencing Commission.

Mae Jemison

```
E Q K C O R N E L L A R T Y T D R G
A F R I C A N S T U D I E S U E W A
P X J T G L W M I W S J C L E N K I
I O T N E A U T H O R E P N B E M Q
N I S P E C I A L I S T I S R I S O
O U Q V K M H G R D U G Z T L W R P
I R T X L C Q R W V N T R W Z B D E
S X F L H E N T E E B A Q Q I Y Q A
S T A N F O R D L S T C R T P K I C
I G Z C I Y X A H S E D R U Q P Q E
M L H V R L C S X O S A B N S F H C
H Z V W G I D R E P M B R Q R Y Z O
B B X N M E S W H O L E I C U I L R
U W F E J G D O C T O R Z Q H W G P
U K H A R U O V A E D N E T Z H Z S
U C X A S T R O N A U T V P T B Q H
I N C Z Q F R P R O F E S S O R N L
Z F O U N D E R C Z E R O I Y M O W
```

AFRICAN STUDIES

ASTRONAUT

AUTHOR

CHEMICAL ENGINEER

CORNELL

DOCTOR

ENDEAVOUR

FOUNDER

MISSION

ORBIT

PEACE CORPS

PROFESSOR

SPECIALIST

STANFORD

STAR TREK

TECH RESEARCH

Mae Jemison is an American engineer, physician, professor, and former NASA astronaut. She became the first Black woman to travel into space in 1992 when she orbited Earth for almost eight days on the Space Shuttle *Endeavour*.

Mia Hamm

```
Z N M M A R I E L Y I Y N Z F A A A
R G O A L M T E C F Y F M J T A P S
I O H F E F O Z S K X C V H R K Q S
S L N K D T X D A E X S L I E W Y I
D Y X D F I L D E D I E Z O W E Y S
C M J A I I V A J E T S D E O K P T
E P Q N F O F I N E R V G M R F K X
D I T G K I R A S O E F Q W L O Y V
Q A A S O M Q E X I I B Z H D U Y U
A N R C B L Q X L X O T Q U C N D U
N L H Z A S D W I O B N A H U D R N
H N E D G X O M C L H S O N P A A Z
A S E S I I M C E Z V W D N G T X L
D C L Y D U A A C D O P U Z E I Z K
C C S P G R G B D E A R G X D O X E
U M W T T U C T V K R L N I K N A I
C P L D E C T R T E T M Q U X K Z L
T L M X L W A S H I N G T O N L T A
```

ASSIST	FREEDOM	OLYMPIAN
ATHLETE	GOAL	SOCCER
DIVISION ONE	GOLD MEDAL	TAR HEELS
FIFA	LEAGUE	WASHINGTON
FOUNDATION	MARIEL	WORLD CUP
	NATIONAL TEAM	

Two-time Olympic gold medalist Mia Hamm joined the US women's national soccer team at the age of fifteen, becoming the youngest player ever to do so. At her retirement, she held the record of most international goals scored by any soccer player.

Bessie Coleman

```
I  O  Y  S  U  O  R  E  G  N  A  D  J  T  X  E  V  W
C  P  S  W  F  L  Y  I  N  G  T  R  I  C  K  S  Y  A
A  Q  V  P  U  Z  L  H  D  S  Z  Z  P  I  F  I  M  F
U  V  F  E  M  A  L  E  P  I  L  O  T  C  R  H  S  Q
D  E  J  R  B  S  X  M  S  Y  Y  I  R  C  I  A  H  U
R  I  A  E  A  O  P  W  R  S  H  G  M  M  L  R  C  N
O  B  V  P  G  C  T  M  R  O  O  Y  A  Q  M  H  H  H
N  Q  I  N  N  J  E  N  N  Y  F  N  W  A  Q  B  S  Q
B  F  A  N  N  A  N  A  B  R  I  R  S  A  G  O  A  G
R  B  T  P  G  A  T  Y  V  C  Y  O  E  H  U  L  R  T
O  F  O  Q  K  V  E  I  U  I  K  T  P  P  F  T  C  P
T  R  R  H  W  F  X  R  V  B  A  M  Z  I  S  J  E  E
H  A  C  Q  Y  T  I  O  V  E  R  T  I  P  Q  M  N  V
E  N  L  J  D  S  Z  Y  M  L  Y  X  R  V  E  E  A  A
R  C  U  M  T  J  U  L  P  J  Q  R  B  I  P  A  L  R
S  E  B  S  F  Q  U  E  E  N  B  E  S  S  X  O  P  B
D  D  V  F  O  L  Y  M  P  I  A  N  U  I  J  D  E  H
N  A  C  I  R  E  M  A  N  A  C  I  R  F  A  M  H  V
```

AFRICAN AMERICAN	DANGEROUS	MANICURIST
	FEMALE PILOT	NATIVE
AVIATOR CLUB	FLYING TRICKS	PERFORM
BRAVE	FRANCE	PLANE CRASH
CAUDRON BROTHERS	JENNY	QUEEN BESS
	LESSONS	RACE AVIATRIX

In 1921, Bessie Coleman became the first Black person—
and the first Native American woman—to obtain an
international pilot's license. She was famous for doing
dangerous air tricks and spent her life encouraging
women and African Americans to learn to fly.

```
Q W E M O I N G R E D I E N T R W B
I U D M S R N U A W T J D W E D O D
G N I N N A L P Y T R A P G N S I R
C D S U U A Z I X R F L J V T M I S
F H L B I D Z Z N Y O N X O L N V P
I Q S A S M D S O C O N N Y H H D J
Z N P W L I O M I Z D E E S O O Z Q
Q U C Z L S L F T B P S G E U U W W
P T D U E S K P A S R C B P S S D O
R R Q Z C F W N T R E O P I E E U A
I I A Y T A M G I B P O O C H K B E
N T R I U R F M N X T K I E O E K P
C I C M R M M F A E O B B R L E B C
I O Y A E E W G S Z O O K N D P P W
P N O G R R K N P Z U O B T L I I W
A A V U F W R D S L I K Q E O N E K
L L R J I E C N E I C S P R V G T V
D Y U C O O K I N G S C H O O L J Y
```

BOSTON

COOKBOOK

COOKING SCHOOL

FOOD PREP

HOUSEHOLD

HOUSEKEEPING

INGREDIENT

LECTURER

MISS FARMER

NUTRITIONAL

PARTY-PLANNING

PIE

PRINCIPAL

RECIPES

SANITATION

SCIENCE

By 1902, Fannie Farmer had opened her own cooking school and published what's now known as *The Fannie Farmer Cookbook*, the 3000-copies printing of which she funded herself. Most notably, she was the first to advocate for a scientific approach to cooking, incorporating the importance of nutrition, sanitation, and chemical analysis into her book.

Ellen Ochoa

```
V Q Q W N T T X C H K S B P W Q N B
Q H L R Y I O U O J S M F R R R J S
O F O U R M I S S I O N S X H O J A
M V V H P A M E S K K N Q O R B S Y
Y W V M S T A N F O R D E F Q O Z I
Q A J Q X M N U H G G W H W E T J U
B R I U P O J E N G I N E E R I H L
H D O C T O R A T E T J H J U C S F
I J G X H A I E B P S D Y J E S N E
S J W J E D M N Y G T O D W T N O T
P Q X R F H Q V S C D R R V M A I G
A X D D N Q W C M Q L F R U G R T G
N L O A W E R C T H G I L F L E A N
I W S C P G C P Q I F C O I F T R H
C A G C D I R E C T O R A D J E E N
V I S E R V I C E M E D A L R V P J
R Y A S T R O N A U T Y L F C R O J
C J Y R E V O C S I D R M G G V E K
```

AMES · ENGINEER · ROBOTICS
ASTRONAUT · FLIGHT CREW · SERVICE MEDAL
DIRECTOR · FOUR MISSIONS · STANFORD
DISCOVERY · HISPANIC · VETERAN
DOCTORATE · NASA
OPERATIONS

Ellen Ochoa is an engineer, former astronaut, and former director of the Johnson Space Center. She became the first Hispanic woman to go to space when she served on a nine-day mission aboard the space shuttle *Discovery* in 1993.

Sylvia Earle

```
H O V D J Y Q O U D X I T T K B G G
K E B E W K A C S T K N E V A E U R
M I X E J U L C X L V A K M Q U E B
C Q N P N Y T B V G J T T B U N E O
P S U S L R O O L F Q G I H A H R F
H K O E O O A B F X N E T X N U V P
V B J A U J R Y K P E O E X A S O F
Y I U M V E G E T A R I A N U H C I
I N J R R G B A R H E V I D T K E S
I Y G O L O C Y H P U Y Q H Q K A H
V Q O C E A N O G R A P H E R N N E
G S I K J Z E R O S R Z P L H H E A
P K G W H O L E F C T V Q G G Z L L
A Q E V H M A R I N E B G M S S D G
L X U P L A N T B A S E D R M M E A
H A R V A R D F E L L O W K E U R E
R T B I O L O G I S T Q I H U K S Q
T B X Y C L G D C J W H Y K V N J W
```

ALGAE	FISH	OCEANOGRAPHER
AQUANAUT	HARVARD FELLOW	PHYCOLOGY
BIOLOGIST		PLANT-BASED
DEEP-SEA	MARINE	TEKTITE
DIVE	NAT GEO	VEGETARIAN
EXPLORER	OCEAN ELDERS	

A National Geographic explorer-in-residence since 1998, Sylvia Earle is a marine biologist, oceanographer, explorer, and author. She is also the former chief scientist at the National Oceanic and Atmospheric Administration.

Shaesta Waiz

```
B E K K U Z T K Q L A W R S C W C Z
E M W A D N F M L S F R E N L L O V
E B E C S O D S F B G S F M Y X M O
C R D L H J Y I L P H J U M M D M J
H Y G R O Q E N Y F A Q G C V Z E I
C R H E U H G G G M N E E C N K R X
R I P P E I W L I E I L E C O E C A
A D F I M U U E R N S B S I N F I M
F D Z L O G N E L T T K W V P T A B
T L J O C V Z N H O A E Z I R X L A
H E H T W U B G S R N T E L O X M S
K P K Z P W X I L T T L R I F B X S
M D W B Q O D N Q M E C O A I B V A
S L H N V X N E F D R M B N T A R D
X F S O H D R E A M S S O A R W F O
B F S O L O F L I G H T U X G O Z R
F N O I T A I V A O I C E X R Y N R
X K N O G C J C G O M U C Z Z O S Q
```

AFGHANISTAN	COMMERCIAL	PILOT
AMBASSADOR	DREAMS SOAR	REFUGEE
AVIATION	EMBRY-RIDDLE	SINGLE-ENGINE
BEECHCRAFT	FLY GIRL	SOLO FLIGHT
CIVILIAN	MENTOR	STEM
	NONPROFIT	

American Shaesta Waiz is the first certified civilian pilot born in Afghanistan. In 2017 she became the youngest woman, at the age of 30, to fly solo around the globe in a single-engine aircraft.

Roxie Laybourne

Roxie Laybourne

No. 55

```
Y Q K F E A T H E R J K K O A C D D
G R Y P L L O F Q G X F Q T E Z Y V
O D O Y T D E T E C T I V E J G T T
L S B T Q V S F O T O Y Q A L F E A
O E C S S Q M H W B I R D M N I F X
H J L M C I J J N L B Y Z S G N A I
T X I I A H H J U D I S P L A Y S D
I C X T Q P M L B J K B S U Y E T E
N M I H Z T W U A E Q C B X E G H R
R Y Q S O D M H I R I E O Y Z S G M
O T J O N Y P P O E U Y U B I E I I
Y R Y N P E T L N L B T M H C I L S
Z E X I B Z R T H A E Z A M N C F T
Q P W A C Y I O L D L E J N Z E K B
T X L N V S K D F G S R G T P P B Q
I E G C T D I N L V X O S K S S V F
W N D R O X I E M E T H O D O J E S
F B M I C R O S C O P I C Q P T I L
```

BIRD   FORENSIC   ROXIE METHOD

DETECTIVE   ID LAB   SCIENTIST

DISPLAY   MICROSCOPIC   SMITHSONIAN

EXPERT   NATURAL HISTORY   SPECIES

FEATHER   ORNITHOLOGY   TAXIDERMIST

FLIGHT SAFETY

Known as the "feather lady," Roxie Laybourne was an ornithologist who worked as a research scientist in the field of forensic ornithology at the Smithsonian's Museum of Natural History. Her research into the identification of feathers has helped the aviation industry avoid dangerous bird strikes.

Wilma Rudolph

```
P Q U O H O H W H O L E W O U O X S
J X X P O F L H F A Z A W A B R X K
B K V P T Y T T Z H V W U C B E C L
J T P D K O L Y M P I A N K L V Q E
C E L T Z E Y Z R J Q O G A A E N G
C N Z R E V Z K T F S M P C C F D B
O N X A R S K E X L T R R S K T E R
L E H C O H X P A S R H A Q A E X A
L S D K O S R D B P D K W U T L J C
E S W A A K E O M R A R D L H R B E
G E R M U M J L C I U Q P C L A I E
I E V U D I B R O N Z E P O E C Z L
A V Z L N M I T L T P J M I T S D M
T W O V W N E I V O M V T T E I L N
E G I W C A E M B O I L O P D I E Z
O X W O R L D R E C O R D S G G I W
T Y J E X M G Q S H S A D W F R F U
P G U N O F W E X T F S Y J P R W Q
```

BLACK ATHLETE	LEG BRACE	TENNESSEE
BRONZE	OLYMPIAN	TRACK
COLLEGIATE	POLIO	TV MOVIE
DASH	RUNNER	WORLD RECORDS
FIELD	SCARLET FEVER	
GOLD MEDALS	SPRINT	

Wilma Rudolph was a sprinter who became the first American woman to win three gold medals in track and field at the same Olympic game in 1960. She quickly earned the title of "fastest woman in the world."

```
W H O L E G G U A T G S P N L W C L
X F P I L S W E V S W Q A R V I N H
J O O R R C U C O M W S P I G I X N
H N S F I I P J U L R E P O R T E T
M A M C N E Z N V R O R T G R Y X T
X T B J D N E W S H A G Z E S G A Z
W U B K W T R K A M F T Y V P C W Z
G R X W P I O W U E L A O D E A B Y
M A L A R F V C N D L P B R C L C B
I L Y I D I M O A B E I L S I C K K
N H Q D A C T L Z T A C T Q M U Y N
E I W E L S N E H H A N Z U E T S L
R S I V D Y N C R H E L S L N K A Q
A T C U T G E M Z D C E O E K B M V
L O O R E I M P U Q U U I G T A P G
L R N A U U V T P M F Y M G A D L W
B Y C E Q E G E M S T O N E O E E F
K G C B V B U Q R D B Z Z R I R Y P
```

AIDE

CATALOG

CURATOR

CUT GEM

GEMSTONE

GEOLOGY

MINERAL

MUSEUM

NATURAL
HISTORY

ORE

REPORT

SAMPLE

SCIENTIFIC

SPECIMEN

STONE

WRITER

Margaret W. Moodey was one of the first women to work as a scientific aide at the Smithsonian. During her 43 years there, she identified, classified, and cataloged samples of gems and fossils in the museum's Department of Geology.

Althea Gibson

```
N R Y C A E D T O U R R M Q G F F B
F F R R W G B V L H H A G S B J W N
J I M C H K L A A F L T U L S O O R
S M T I O A S B S S X P A V S I J M
Y W T N L L I A D V E C M N T L B F
C Z Y T E Y O N U R K N L A D W O B
A E Y I C S A R S P Z I R C E H A Z
G R R O W R S T L H X I I Z T H R C
E O C U G V A A F I P G M W E L D E
L T I T T R Y B V S N H T O R G M M
K F A R S E Y J N A U E Q G M T E M
E T A E R L D I K E T G W P I J M V
P Q W A S P O T U D L A A A N A B M
M P K C L N A T I O N A L S E R E C
P C R H S I N N E T J X C T D T R Y
G E J A R J D Z K Z G O L F R Y A T
Y T I K C H A M P I O N S H I P N M
C A U S O P E N H B R A F N L F C J
```

BLACK PLAYER	FITNESS	OUTREACH
BOARD MEMBER	GOLF	SUPERSTARS
CHAMPIONSHIP	GRAND SLAM	TENNIS
COLOR LINE	INSPIRATION	TOUR
DETERMINED	LEGACY	US OPEN
	NATIONALS	

Althea Gibson was an American tennis player and golfer. In 1950 she became the first African American—man or woman—to compete at the US Open, and in 1956 she became the first African American to win a Grand Slam title.

```
Q M L E U L C S G S C B C N D K J M
U O E N V I R O N M E N T W L R F Z
I R U F L P J E C I F F O X O B E M
N H F Q O A F O C Z T R Q F R A Z Y
S W J S L L O D H Q O N A L G V V F
R I N G L E T S I O A P N Y Y U Z U
K Z L S X W H O L M R F A H K P F S
L X N G T V Y M D U S A H U J A O D
D S G F A V W F S A K W G B Y T P E
L G D A N C E P T B P A E U Y O T L
Q C Z F K H B L A I V R V H L V F E
H B T Z W T Q G R V H D E L X L E G
J F L O C O T O R P Q M U P U Q I A
W S T A T E D E P A R T M E N T N T
A M B A S S A D O R I C T O W I A E
V R O R G D G K X O Q Q D K Q E A I
U M O V I E S O N O H G P C Z A W H
V B K T A M O L P I D O M R B K M B
```

AMBASSADOR · DOLLS · RINGLETS

AWARD · ENVIRONMENT · STATE DEPARTMENT

BOX OFFICE · GHANA

CHILD STAR · MOVIES · TAP

DANCE · POLLUTION · US DELEGATE

DIPLOMAT · PROTOCOL

Shirley Temple Black was a world-famous child actress in the 1930s and 40s. Later she became a significant part of the environmental movement of the 1970s. She was the United States delegate to the United Nations Conference on the Human Environment, and later became a US ambassador and the first woman chief of protocol at the State Department.

Ibtihaj Muhammad

```
F Q H I J A B P C E Z J C Y U Z A D
L B M A S K D E L O H W U X W W L I
O M U C H F E N C E R I R R B T L V
C K T O L E R A N C E A X C M N A E
D N I M Y D B A E L T E Q Y O H M R
C L G D E U O P B Z O M I N B E S
X V E F J D T K L F H Q P P A W R I
N M B J Y F A W E Z C M H R P P I T
U U G R J T O L N Y A V B Y U D C Y
H S K D M K T V I H B I N H J I A C
O L R F Q Q P B C S E A S L B K N O
U I S C I P M Y L O T A I I R J Z A
G M H M R Z W N R M B W X W O Q S V
A U T F E R V X A R R I D N V J D
M Z K R M K G Q E N X I K Z Z E E S
E V O J K Y S U C I L D C K E Q D D
S D F G N I K N A R D L R O W J B P
D I R P O M K F U G Y B P L T D M A
```

ALL-AMERICAN	FENCER	OLYMPIC
BARBIE	GAMES	SABRE
BRONZE	HIJAB	TOLERANCE
CHAMPION	MASK	WORLD RANKING
DIVERSITY	MEDALIST	
DUKE	MUSLIM	

Ibtihaj Muhammad is a professional fencer. She competed at the 2016 Rio Olympic Games, where she became the first female Muslim-American athlete to earn an Olympic medal and the first to do so while wearing a hijab.

Anne Morrow Lindbergh

```
E G L T C K A U T H O R M U Y P K C
X Z Y O W H O L E I J S S V G U I T
P N Y I H F S F V V R R T A Z U D O
L C O O D A M Y W D Z O O J E S N L
O R P N Y E X N I G L I D E R L A I
R J Y R F R X I R T A I V A O I P P
A X B F Z I O F J D C M R O Q N W O
T E X L K A C B Y E Z N I B Y P O C
O K Z I P L H T L D A E X J O C L R
R A I G K S P E I U E I T S T T O I
Y K D H D U B Z I O R G O G I T N Z
H C A T S R E O T A N Y A O A Q G M
Z W E U I V C H A R L E S R D C B E
R V E T I E W F G J C V E V T N A S
J N Y C F Y D S C Y Z P Q Z O U R Q
R I D O P O E T T S O E E X F D N Q
S H V X J Z Q P K G M G Z M Q N F E
I S O L A T I O N I S T H P J B O S
```

AERIAL SURVEY	COPILOT	LONG BARN
AUTHOR	EXPLORATORY	NONFICTION
AVIATRIX	FLIGHT	OPERATOR
CELEBRITY	GLIDER	POET
CHARLES	ISOLATIONIST	TRAGEDY
	KIDNAP	

In 1929, Anne Lindbergh became the first woman in the US to earn a glider pilot's license. She also served as navigator on a transcontinental flight with her husband, Charles Lindbergh, that set a new speed record.

Kristi Yamaguchi

```
Q N A I P M Y L O S O A S M W L P W
W T A R A L B E R T A H I O X O D Q
D S Q F L E X A E L P I R T L F A L
X A A Z M C V R F S J L R R E I N A
P N W Y E O D A M M D Q I G S G B D
F S Y H C U P F F C P B Z F S U A I
A E Q Z S E U G H V R V E O Z R X E
L I C T M G L A O O P F R U P E U S
O D G I S A M C A L U H O N N S D S
R S R S N P O D R L D L L D G K J I
L Y Z D I O C P H D L M L E V A X N
A A E O S A S J A G N Y E R T T S G
S D N N S M T R U I N B X D P E B L
I L Y T D P S G A M R P Q M A R S E
A N E J Z J C W G T P S W P O L V S
N R J A P A N E S E S T F A R O V U
X Z L U N F T V J H F X J S T E E J
H D R W H O L E A K E L W P E A K Z
```

ALBERTA	JAPANESE	SANSEI
ASIAN	JUMP	STARS ON ICE
BROADCASTER	LADIES' SINGLES	TRIPLE AXEL
FIGURE SKATER	LANDED	WORLD CHAMPION
FOUNDER	OLYMPIAN	
GOLD MEDAL	PAIRS	

Kristi Yamaguchi is a US champion and two-time world champion figure skater. In 1992 she became the first Asian-American woman to win a gold medal at the Winter Olympics.

```
Z Y G N Z T P A R E E N I G N E E R
Y B F O E B P O N F W R T F C W E E
U W L V B O C X P P R E G Y H B F N
N J N O L F X O N P C V O O M Y E O
T R V L R L J S M H Y R L E Z A A W
W U O S Y T T M N P H E M S W V T F
R U R T V X N I I E U F U V V S T I
S D N H N W C O Q L F T U S T Q O G
U L A G N A Y E C A Q W R O A Z R H
O A S I L D I C T N T C C E E N N T
H W A R R H J S M E O K L R S U E I
G C Y S V W V Y X S B I O B X S Y N
G E W N J R J A E R Z K S H L U K G
O N X E S E S O O X H X J S I K Y C
G T Z M T D L K O Q J Q I Q I N H R
L E T O C W E I N Y F Q B Z Q M X X
Y R C W S R Z S P A C E R A C E G B
E L Z X N X J G R L V S X G U H K D
```

APOLLO

ATTORNEY

COMPUTRESS

ENGINEER

LAW CENTER

MISSION CONTROL

NASA

NOW FIGHTING

POPPY

SPACE RACE

STAFF MEMBER

STOCKBROKER

TECHNICAL

TEXAS

WOMEN'S RIGHTS

During the Apollo 8 mission, Frances "Poppy" Northcutt became the first female engineer to work in NASA's Mission Control. She later became an attorney focusing on women's rights and served on the board of the National Organization for Women.

Serena Williams and Venus Williams

```
W T A N V G C E H Q T I U A U M E K
W I M B L E D O N F I N A L S N K G
C C R M A V L U M U C H E C O B R T
Z D J W G I A I Z N F K P R O A G I
D O S F R A N L A U W F E D N B C T
A U I W O W Y G V B B B I D I W H L
I B Z M L M D I J L M W S C I U O E
R L E A Y S K G T U S L H N Q T S C
F E R T M D G N N I A P F O V W I L
V S O G P K S D N M R L J W L S R S
V L G K I U E G O I A I Y P R E Z D
H E T V A K L P V R R Y K K Q Z Q T
X V Q Z N E E A F T I T V I L E C E
S M O A S N L K J E E P J I E N R N
F H R E E R A J S R E T S I S P O N
A X V R Y L B P M C X M J M T L W I
T R A O B Y P N O Z F O N X Z O N S
C C G W T C R S H E E U X L T V G P
```

CROWN

DOUBLES

GRAND SLAM

OLYMPIANS

OPEN ERA

RANKED NUMBER ONE

RIVALRY

SINGLES

SISTERS

TENNIS

TITLE

WIMBLEDON FINALS

WIN

WTA (Women's Tennis Association)

Serena Williams and Venus Williams are professional tennis players whose athletic performances have been groundbreaking for women in sports. Between the two, they've won 22 titles when playing doubles together, including 14 Grand Slam titles and 3 Olympic gold medals.

Dorothea Dix

```
O Y C B X K M F M L H T F N X F M T
T P O T U P S B D Z T N U Z T T O V
H U H A F R W H T K W R K F A C I H
K N T K U I P D W R S X A X I I T O
H D D N U S V V Q E A C L T L V J S
U E Z N L O W D C R I I E R L I W P
S V C H J N X Z V L C A N W L L C I
V A M H K E K S I L C C O E Q W Y T
S L I K B R M T G H H R K D D A H A
C U J H B S Y K E B E M X A W R Z L
A A R C D Z C R I F P U B V F F D S
P T E Y Z I I P O C N D L M Z I G W
T E T C U D A R S B I X Q F V M Q H
A C B H R T M J L A W D Z D M D L E
I H T L A E H L A T N E M Z B M X S
N M W K R E V I G E R A C U U Z Z A
P I L F J T P X A R M Y E R N Y M S
F A S U P E R I N T E N D E N T P Z
```

AID
ARMY
CAPTAIN
CAREGIVER
CIVIL WAR
EVALUATE

FACILITY
HOSPITALS
ILL
MENTAL HEALTH
NURSE

PRISONERS
REFORMER
SUPERINTENDENT
TEACHER
TRAINED

Throughout her life, Dorothea Dix worked many different jobs to help improve the lives of the less fortunate. She founded a school for young girls who were not allowed in public school at the time and was appointed superintendent of Army nurses during the Civil War. Before and after the war she was a vigorous advocate for the mentally ill, petitioning state legislatures and Congress for better treatment and living conditions.

Leah Chase

```
U E E S H B W H O L E P Q X I H T W
W O U G L P F Y Y U O N G Q O G K O
X W D T E S A H C Y K O O D Z B Q R
I L A C O L R E S T A U R A N T C C
P B R F X Y S P R L V E E Q Z U X M
P E E C B B L A C K A R T E T N D I
X A D N I N J G W V G E R T O E P G
X R C X Z V F J I A Q O I S V W Z X
Y D O H Z C I P L N L N G O N O B M
F A A X B L Z L R E G L I U C R P B
E W T J C O E U R S Z B K T O L Q U
H A V T L R O C Q I U A I H O E E C
C R B K Y X X U A Y G N W E K A I R
G D T K X V A F D J S H Q R I N P E
L L C U I S I N E P U R T N N S M O
J A B Y H I E N E C X N Z S G M R L
Y O R K X P S N N K Y I F U I Q Y E
J O P V L C J F X A S W P T Q B A E
```

BEARD AWARD

CREOLE

LOCAL

BLACK ART

CUISINE

NEW ORLEANS

CAJUN

CUTTING SQUASH

RED COAT

CHEF

CIVIL RIGHTS

DOOKY CHASE

RESTAURANT

SOUTHERN

COOKING

GALLERY

Leah Chase was a Louisiana-based chef. She was known as the "Queen of Creole Cuisine" and was passionate about Creole cooking and African-American art, much of which she displayed in her restaurant, Dooky Chase.

```
M O L E A K P R O O F L X U C I D A
P T B K X R O T N E V N I A J E X R
A L E P D I S P O S A B L E X S N C
P I C Z X G B F P X G Z O C Z X A H
E G Q O I B Q J Z C M V O O I T B I
R Q H L M N L T R Q L P W V P O S T
P E M B F P O J S U M L H E P O O E
N A R B G B A I U R T I O R I T R C
H H T A F C C C T Q G U L J T H B T
O I Y E C M I R T U A A E U Y P E S
M B B I N T X E B H L Y F M D O N X
G L O Q Z T N P Y W A O I L O W T J
D I A V E H V A E U U N V O Y D A E
G S T N R Z G I F G S H G E R E J O
O T E Z O M G D G N F N L E R R B I
F M R Y H L K D N V I V U M R X O Q
F Z F O R E B K Y A L E U A E P W Y
L N V X G F Y C B U Z Y N M T P U N
```

ABSORBENT	DIAPER	PATENT
ARCHITECT	DISPOSABLE	REVOLUTIONIZE
BOATER	INFANT CARE	TOOTH POWDER
COMPACT	INVENTOR	YALE
HANGER	LEAKPROOF	ZIPPITY-DO
COVER	PAPER	

Marion Donovan was an American inventor and entrepreneur. Encouraged by her engineer dad, she invented a tooth powder while still in elementary school. Among her 20 patents is the first leak-proof, waterproof diaper cover.

Concha Sánchez

```
P O T W X U D B C G Z E R O N L X M
X O S R I F O I U Y A D W J A M L W
L R M E N D K E E C J H D M X F A F
U L O D E S U T N M O R E R I A R W
W W J N I M A S A L T S J L C O G L
E F J I G V B Q E F O B L N E N E L
K C R R H Y I H V A S M O T R I Q Q
C N E G B J X U M O O B O V I L U D
O W H B O I U E Y R A I B V F O A L
R B T F R Q R Z E T M T B L P M N S
N J O F S I X A I M A S B T Z O T E
M B M T C E L R I B C M P I F N I L
E M H A J L Z G B Q N F A W R R T L
A R N P I P R V D U K M N L B J I K
L N N M X A J F S J K N R A E C E F
V Y I U N U P M C T B I O U A S S Z
I S H T T O R T I L L A C H Z N B S
T F J C O N C E P C I O N P K Z J N
```

CONCEPCIÓN

CORN

CORNMEAL

FILLMORE

GRINDER

IMMIGRANT

LARGE QUANTITIES

MASA

MESO-AMERICAN

MILL

MOLINO

MOTHER

NEIGHBORS

SELL

TAMALES

TORTILLA

Concha Sánchez was a Mexican immigrant who used a molino, or corn mill, to make thin, flat pancakes of cornmeal in large quantities. She sold the pancakes directly from her home to help supplement her family's income during the Great Depression.

Marilyn Hamilton

```
T V F M J B B W C K I C R Q N P L W
K Z C Q U I C K I E P Y A D W H W H
Y T I C I T S A L P O R U E N J A E
B J P C Y E Q K J D D B B W K U C E
B U A L P V U A I U G U U M Q I C L
Y Z R G A C A S A I N L S K L M I C
T E A G R D Z A C W I T I O I A D H
A R P K E Y M G T H D R N A G N E A
V O L L H T S B I O I A E N H E N I
P Y E E T E C N V L L L S J T U T R
L B G A S W R V E E G I S B W V Z T
S T I M D E S I G N S G W J E E I E
X E C Z F X I U L K L H O T I R D N
G V S C O J B R L L N T M H G U S N
P W K N B D I J K H E M A Q H B V I
Y N O I P M A H C W S N N A T I N S
G G K R T M R B A B I L I T Y O K G
W X V S R A P X W P S J P K U E B G
```

ABILITY   LIGHTWEIGHT   STIMDESIGNS

ACCIDENT   MANEUVER   THERAPY

ACTIVE   NEUROPLASTICITY   ULTRALIGHT

BUSINESSWOMAN   PARAPLEGIC   WHEELCHAIR TENNIS

CHAMPION   QUICKIE

GLIDING   SKI

After a hang-gliding accident left her paralyzed, Marilyn Hamilton was determined to continue her active, athletic lifestyle. She invented a lightweight wheelchair, started her company in 1979, and became a two-time US Open women's wheelchair tennis champion.

Oprah Winfrey

```
B L A C K B I L L I O N A I R E L W
L S D J Z C V K K M Z V D Q P X H O
B G K L A Y O O R I E X V L G C B H
S X K Y I Z M A J J R E E V H I F S
H I Y C D Y R C N C O H C A Y Y F K
G L N X E F F O Z C F I I Q P P T L
A F O C M D N C W L H R H H X T Z A
B J I O F G F B E Y W O I V D P Q T
J C T R O E A S V O C L R C R F C P
D H A P N E U I M B A H E M X R P I
B I C A E F L A L N A O R O Y P Y I
U C I H E O N P T R J X A F W T P Z
C A D V U J L H P C C O I H C N Z N
T G N T Q J R O O Y R D O O I W U T
C O Y L J O P F I L I L U D J F G Q
N Q S Q P V K B J W E C L N S B S Y
Q G T Y L R I L M E H N B U F M W V
E S S U P E R S O U L Q D U F W S Z
```

BLACK BILLIONAIRE

CCO

CEO

CHAIRWOMAN

CHICAGO

COANCHOR

COUCH

GAIL

HARPO

ORPAH

PHILANTHROPY

QUEEN OF MEDIA

SELF-HELP

SUPER SOUL

SYNDICATION

TALK SHOW

Oprah Winfrey is a TV talk show host, producer, actress, and philanthropist. *The Oprah Winfrey Show* dominated daytime TV for twenty-five years, and her involvement in media has highly influenced popular culture in America.

Grace Murray Hopper

```
S O A U M M Q G U V T S K W A J P V
Z D W D H A N N Z L O G J G U D M P
A A M O D E E R F F O L A D E M R B
H A R V A R D M A R K S Q V C O C S
R E C I F F O C F S C I B N G V K D
U N I V A C P K H H I G K R W W W Y
G F M V C H K A G H V M A V H F A A
D O C T O R A T E A Q M A U O L R L
L Q Y A S L W U S Q M T R G L O T E
O E H N R Y P S D E A X X C E W I B
B W Z O E J A Y R D Y C K O D M M N
O Z O D K R L N M S H A T M R A E O
C R O Z N J J I A O I S W P O T S C
O G J Y I I R N Q V D G N U H I T V
N R A D L A N D V M A F W T X C A P
F B E J L U C F A Z V L L E H J R M
D X U Z U P I U P A Q L S R M G L K
M F S C I E N T I S T A D R L V K G
```

ADMIRAL	LINKERS	SCIENTIST
COBOL	MEDAL OF FREEDOM	UNIVAC
COMPUTER		VASSAR
DOCTORATE	NAVAL	WARTIME
FLOW-MATIC	OFFICER	YALE
HARVARD MARK	PROGRAMMER	

Grace Murray Hopper may be the best-known American woman to receive a PhD in mathematics: a Navy destroyer is named for her, as well as the Navy's Hopper Information Services Center. Enlisting during WWII, she served in the Navy Reserve while working on a new computer programming language based on English rather than computer codes. She retired as an admiral at the age of 80.

Isabel Norniella

```
J C A U D I E N C E J R J C Y I W A
R M D L E V P S B E Z W F T B N R A
C H I A S M M I L D L V Z D I B W D
A Z S T G C F O O M T E J N R A P V
B U Y I F K H X P E R V B O R U E E
L Y G N N W E W L O G N A D E T Z R
E P M A Q A R O P Y Z D W R M R P T
A G O M C N P H Z J C I T M B A V I
N Z O E W N L S Q A N O T A T I O S
J P R D L L S G S N R C B S V L S I
L U S I Y P U T I I H U M F N B D N
J B S A M R Y N C D C I I A E L M G
A L A S H W G A E L A U C T T A D A
B I L Z Y G N G S M N S Y K W Z B J
Y T C X N N Y W I O G I D L O E A E
O E Z G G O E X M Z Z J J J R R E M
E C X R K Y F W B L E Z Z K K U O Q
X B D E M C D H F D I O H A P V L X
```

ADVERTISING	CABLE	PUBLITEC
AUDIENCE	CLASSROOM	PUERTO RICAN
AWARD-WINNING	CUBA	SPANISH
BROADCAST	LATINA MEDIA	TRAILBLAZER
	MIAMI	TV NETWORK
	OLE TV	

Isabel Norniella was a Cuban-American advertising professional who stood out in a field dominated by men in the 1960s. She founded her own agency, Publitec, in 1969, and later founded the Ole Television Network.

Condoleezza Rice

```
H R R X F U G L O B A L W D F Q Q F
O I E W D K O T Z W V I Y Q Q V A N
O U P L S E C U R I T Y L Q J B B J
V S U Y P X R Y M O N O C E I A N X
E T B R F S Z H Y Q U Z G E S D O U
R A L S E C R E T A R Y Q O Z V T V
H T I Y J K C S T A N F O R D I R I
L E C O H O I G G L R C U D Z S E Q
J Q A G M W K G A Z N T T I R O D I
U Y N B U S I N E S S E I S A R A N
R K R T M T S T C H V R F A V T M C
R N V R E V N E D Y L R X I V P E U
I N T E R R O G A T E O V F X U F M
B H E C C Y U B V J I R N E V W H B
A O U B I C K M H T T I D L P Z O E
P P M G C M E X F W R S K Z S U Z N
L Y Q H Z K K D U P D M M H G D E T
C R R O S S E F O R P Y A K T B J S
```

ADVISOR	HOOVER	SECRETARY
BUSINESS	INCUMBENT	SECURITY
DENVER	INTERROGATE	STANFORD
ECONOMY	NOTRE DAME	STATE
GLOBAL	PROFESSOR	TERRORISM
	REPUBLICAN	

Condoleezza Rice enrolled at the University of Denver at the age of 16, first majoring in music and then turning to political science. In 2001, she became the first woman to serve as national security advisor. In 2005, she was appointed by President George W. Bush as the first female African-American secretary of state, making her history's highest-ranking woman in the presidential line of succession at that time.

Gilda Mirós

```
A Y J G Q W P C W D C S T A G E M A
Z M A E L E Q R P R O D U C E R E Z
E D T L B H B R O N X L H B P A G T
V I C E W R M H G Z V R D J Q Y J A
T S S A L X O V G W R A L L R N V
S P B T B E A A O C H N F C K B T A
O A H G A E M V D J Y U L Y Y J T Z
H N T F R T S U A C N R Z L N J A K
R I R E P U I C N C A Z J J N V G Z
A S K E L K N O U D T S X R J Y E L
D H W T K E O A N C O R T Y M V K P
I I D A L T V I W L H B E I Q M B X
O G A R A N J I H A T A L S N O G G
E M K R T F A G S U Y A M A S G A X
B V Y A I Y N L U I U Z U E R K C N
M K U N N A Z T L Z O P P N Q F G X
G Q C N A D B B G J Y N N J M R J C
R L A N G U A G E U V F C D D I A O
```

ACTRESS	LANGUAGE	SPANISH
BROADCASTING	LATINA	STAGE
BRONX	NARRATE	STATION
ESCUCHAME	PRODUCER	TELEMUNDO
HOST	RADIO	TELEVISION
	RUNAWAY	

Gilda Mirós is a Puerto Rican radio and television personality working in Spanish-language broadcasting. She was able to push television forward during a time when it was important to reach Latin-American audiences.

Mary Pickford

```
F U M O T I O N P I C T U R E U S S
R N J W D E D R S S A W V H S T W K
E N C F A I R B A N K S V T B G E R
M O R A T S E L A M E F S U F W E K
F S W I P I S T B A B I S N D T T F
H E V L U I H C Z K T I Q C I I H S
D D Y E R E X D P R N A T R C T E I
W W I K A G E Z A E C Z W R T S A L
W A F T O B H D S T X N L M R M R E
A O R W O D E S I P E C L E E I T N
R E K N B T W N F E W Q W L O T Y T
E K D Y I O G U R N T R G O J H D S
F S F N M I F C F I I Y L D Y H Z C
F Q U A O Y S F C O Y B A R J I L R
O I N X X S U C V Q Q A D A J C N E
R I G T G F K F E D D B Y M E X Q E
T A K R H H E R O I N E S A W C B N
C Z R E O D H X O S H H O S I X Q L
```

ACTING
BONDS
BUSINESSWOMAN
FAIRBANKS
FEMALE STAR
GLADYS

HEROINE
MELODRAMA
MOTION PICTURE
SCREENWRITER
SILENT SCREEN
SMITH

SWEETHEART
THEATRE
UNITED ARTISTS
WAR EFFORT

Hailed as "America's Sweetheart," Mary Pickford was one of the best-known actors in the earliest days of movies. In 1919, in an effort to control the creation, dissemination, and promotion of her pictures, she became one of the founding members of the independent film distribution company United Artists.

Mary Church Terrell

```
P K W E O E F S U F F R A G E J Z L
W C X I W T E E R T S M Z K D A T L
A O Q H L I S L E A D H Z R C V A K
S J F K U B S X E S Q J P E W H P T
H V C Y N E E I W C X R Y G O I U J
I X M O E I R R H T E H I I M P B E
N Z A B L D T A F S K Z O S E Q L B
G E J U M O D A I O D T Y T N G I T
T E O J U O R D L P R C M R S G C G
O D U H N U E E C T O C I A L A S M
N E R N D N O Z D L K O E R E C C S
L G N E T T S B L S X J Q S A T H T
S R A J Q W T E E F C P Z H G I O Y
Q E L L P Z G D P R O H F I U V O A
J E I Z Y E U D E I L V O P E I L Y
O Z S P T V I G S O Q I V O U S C N
J I T F N W K T B U E F N N L T X T
V U N R Z D R A O B L O O H C S S I
```

ACTIVIST	LATIN	SCHOOL BOARD
COLLEGE	M STREET	SUFFRAGE
COLORED SCHOOL	OBERLIN	WASHINGTON
DEGREE	PRESIDENT	WILBERFORCE
JOURNALIST	PUBLIC SCHOOL	WOMEN'S LEAGUE
	REGISTRARSHIP	

Mary Terrell was an educator, suffragist, and civil rights activist. In 1895, she became the first African-American woman to serve on a school board, and in 1896 she helped found the National Association of Colored Women.

```
N O I T A R A L C E D S N S G Q K F
D Q D E C X K S E M I N A R Y L K N
P E C M M B T G G U K F F Q E T B N
E M T M B H M O L F S U O K J S E Z
T C M A A B O L I T I O N I S T U U
I O D W C Q T V O K A W J P H C H I
T N J I G U H X Z H O A A L C P X S
I V C L P V D Y S M M X J J R A A E
O E C L O H Z E E E V O Z O Y S J N
N N W A U B I N N W L Q P H N K K T
N T R R S T S D O D Y E K N O S A I
A I Y D O P M H W E R H W S P N E M
H O X J L E Q U Q T J D T T P N H E
X N B A N V F F Y A S W N O O L C N
G E C T T A M A E Y L N H W S V U T
N E W S Q R C X K Z S E C N E V E S
E B U Q B T W A U T H O R E D P A B
I Z Y Z B L E G A L C H A N G E N Q
```

ABOLITIONIST	EMMA WILLARD	OPPOSED
AMENDMENT		PETITION
AUTHORED	JOHNSTOWN	PROPERTY ACT
CONVENTION	LEGAL CHANGE	SEMINARY
DECLARATION	NWSA (National Woman Suffrage Association)	SENTIMENTS
EDUCATED		WOMEN'S PLACE

Elizabeth Cady Stanton was a leader in the fight for women's rights. She helped organize the Seneca Falls Convention of 1848, which was the start of the American women's rights movement, and was the president of the National Woman Suffrage Association.

Dr. Patricia Bath

```
O O F C L I B D Q G C O C Q P H O W
B P E Y E I N S T I T U T E O Y V A
M U H L H E O A D S H T F S S C L Y
Q E J T A P A J Z K Z B R U T T R O
X A D G H S R E C P Y S Q R G T I M
Q K J I T A E E B N U N T G R L U K
Z U K I C C L R V E K Y I E A S J O
V V C I X A J M P E X U J O D U A K
X H G L N U L S O H N V U N E O U E
Y R O E A V X C U L A T M F Z X N W
L N F W O R E J E R O C I D C Q M K
A L H H A O S N Q N G G O O G A R C
S P I O M R Y T T R T E I L N G C A
E R R G K B D Y R E A E R S N L X Z
R O M N Z A S B T U D K R Y T P E B
X B Z P N N E Z C A T A R A C T F R
H E Y U B E J L S P W B P M B S F V
S F Z Z Z Q W P H Y S I C I A N W T
```

CATARACT	LASERPHACO	PREVENTION
EYE INSTITUTE	MEDICAL CENTER	PROBE
HOWARD	NYU	SURGEON
INVENTED	OPHTHALMOLOGIST	SURGERY
LASER	PHYSICIAN	UCLA
	POST-GRAD	

Dr. Bath was the first African-American woman doctor to receive a medical patent, train in ophthalmology at Columbia's medical school, and join the surgical staff of the UCLA Medical Center. Later, she invented the Laserphaco Probe for the treatment of cataracts.

```
C T Z O L L O N R F U O W O T J R R
A J D B I E E R P H Y S I C A L E P
M Q A I U C G S S H W U O S P E D K
P P Q I K N V A P R C J C P Q T N D
S A O N R A U G E H C Z K O E S U L
H J R T C T B O C I H D W R T O O M
R F G E A P F G I N I X O T A C F B
I O A L Y E C X A C C C F S P I Z G
V I N L T C N E L L A Y G U I A V B
E L I E I C V G O U G T O S C L I W
R M Z C L A Y R L S O U X J I W A T
X D A T I K T O Y I E I R Y T O L E
Z W T U B A A W M O E P M I R R X C
T F I A A U L W P N I F T G A K Q X
E O O L S G E Q I U I J Y V P T A X
A Z N Z I Q N I C A P M X G C T H I
P L A Y D O T E S B B Q G T A X V N
N A S A N J F A O X M Y Y G V C S T
```

ACCEPTANCE	INCLUSION	SOCIAL WORK
CAMP SHRIVER	INTELLECTUAL	SPECIAL OLYMPICS
CHICAGO	ORGANIZATION	SPORTS
DISABILITY	PARTICIPATE	TALENT
FOUNDER	PHYSICAL	
GROW	PLAY	

Eunice Kennedy Shriver was the organizer of Special Olympics, Inc., a nonprofit organization that provides training and competition in sports for children and adults with intellectual disabilities. Today the Special Olympics serves more than 4.9 million children and adults.

Maggie Walker

```
L P E N N Y S A V I N G S R J S C P
I L R O W V U T G W W Z D Y E R R W
W A P S M S E A V L E A D E R I S J
U F U X U A D D H F Q C K V C C W C
J A R B C N K O Y I I Y V H H B U Q
G F E H L D O J C M L P M O G C J F
N U E J D A S O O J W O O K O U A Z
F R R B T O C N K H N L K E I C R I
C S E A T N O K C D F L P E C L N N
J I H N S C A A B O N R I O W E Q P
M Z S K E T Y C R U E P U L W G C E
M H I H Y I L G W S S N O S T H V D
A D L I G I I U I U T I P W A Y F G
O D B W Q R Z D K I S A N R E K Q A
U Q U X L I E T N E P B T E N R O G
J J P S D N N G N E V E M L S C N M
O P V M T L N F R W R T I T S S Z L
V N Q Q J D J T O Y F U L O M Q I P
```

ACCOUNTING

BANK

BLACK BUSINESS

CHARTER

ECONOMIC

LEADER

NACW
(National Association
of Colored Women)

NEWSPAPER

PENNY SAVINGS

POWER

PRESIDENT

PUBLISHER

RICHMOND

SCHOOL FOR GIRLS

ST. LUKE

TEACHER

In 1903, Maggie Walker opened St. Luke Penny Savings Bank in Richmond, Virginia. As the only Black woman bank president in the nation, she advocated for Black working women by creating jobs, funding educational institutions, and participating in civil rights organizations.

```
B E T T Y E P S Y C H O L O G Y B Y
A S N L X H J R E P O R T E R B E Y
O N I R Q L W V B Z P T P Y E C X S
S M I T H C O L L E G E J J A B N I
D Z E R O C U L W A O D H L F F T G
C H Q J N N H W L W T D P W O T E T
P S V A C T I V I S M K H E Y N P F
F E D E R A T E D P R E S S D Z Y O
A E M K A Q A A T O M E B E C J E G
C E J W T V F U W E C B R O E E Q M
T E N D D J E N M S H R F W P C Y Y
I N A Z X X E H B K O O I U O S I N
V X R L Q M F G I L U S E N T T M Z
I R A Q O J Z A E N H N L I D D X G
S C L W Q S G S D R E I Q N O W Q A
T R Q V S X X E V W B U F I J X Z M
E L O H W T R Q S L E S R E O T P B
F E M I N I N E V L S M K N U Z D S
```

ACTIVISM	FEMININE	PSYCHOLOGY
ACTIVIST	GENDER ROLES	REPORTER
BETTYE	JEWISH	SMITH COLLEGE
COFOUNDER	MYSTIQUE	UE NEWS
FEDERATED PRESS	NARAL	WOMEN
	NOW	WORKPLACE

Betty Friedan was an activist and cofounder of the National Organization for Women. In 1963 she wrote *The Feminine Mystique*, an analysis of women's limited roles in American society. She quickly became a leader in the women's rights movement.

Lena Richard

```
H V C B F T P X B W F A W H M M W J
O C G P Y J E D U C A T O R J S D R
S S N A E L R O W E N Y F J I F R N
P M T W T D U O O Y U K D Y Q F E C
I C C I W G U M B O H O U S E R S E
T A O H U O B W K H X C M C R O T L
A U R O E I R X P B Z R A O T Z A E
L G I V K F R C N U V R M O A E U B
I I E D J I I E M T T U A K R N R R
T Z X W X W N P N I C E L I Q F A I
Y E D B C D K G F W J B E N R O N T
Y R X H H R S S S X O N N G E O T Y
V O O P E A E D O C T X A S C D W W
T V P R O G R A M Y H D N H I V J X
W H D X W G Q B M H X O P O P W P T
Z J C G P F C F S G F E O W E C X Y
L M Q N I A C R E O L E A L V Z O G
N L Y T B T O T T J W H O L E B U A
```

CELEBRITY	EDUCATOR	NEW ORLEANS
CHEF	FROZEN FOOD	OWNER
COOKING SCHOOL	GUMBO HOUSE	RECIPE
	HOSPITALITY	RESTAURANT
COOKING SHOW	JIM CROW	TV PROGRAM
CREOLE	MAMA LENA	

Lena Richard was a successful New Orleans-based chef, cookbook author, and TV show host. Her cookbook, *New Orleans Cook Book*, is regarded as the first Creole cookbook written by an African American.

Elizabeth Blackwell

```
R G V M U O U N I O N N U R S E D D
F I R S T I N C L A S S T D Z L E F
Q S D E G R E E T S S Y W J S N Y N
B G Q G E N E V A C O L L E G E S J
B Y C H A J A C C E P T A N C E K I
H N Z O B O H R G Y J C R S W Q U Z
C E A F F W U Z O F H T N X Y M L W
G C P R A C T I C A L J O K E B B T
U O B W M Y R M E D I C A L K V R W
K L K K O P R O F E S S O R B E Z N
R O L A T I P S O H Z B Q O A P C O
S G Q G P G H S G Q V C R T N T O U
J Y M I W H O L E U C E L H U Q L I
P W P B B P I B R U Z I S A W H L M
W Y H E C P H Y S I C I A N A X E Z
P J U O N G G G N C I N I L C M G H
D I N E M O W R O O P D F M I L E V
B Z G X H I F T R O W A I M T Z U I
```

ACCEPTANCE	COLLEGE	PHYSICIAN
CLINIC	GYNECOLOGY	POOR WOMEN
COLLEGE	HOSPITAL	PRACTICAL JOKE
DEGREE	MEDICAL	PROFESSOR
FIRST IN CLASS	NHS (National Health Society)	TREAT
GENEVA		UNION NURSE

Elizabeth Blackwell was the first woman in America to receive a medical degree. She opened her own practice in New York and became a professor of gynecology. The strides she made opened doors for generations of women in medicine.

Sara Sunshine

```
U Z W P D I C T I O N A R Y T F I B
G S H Z Z U Z M R A E K R B U V S P
L A O M D H Q A E D S M U E Q U L L
A M L A U T L R F V D I M M X C A L
T S E R Z M S K U E B K I M T I C O
I U A K I P O E G R U B G B P P D C
N J F E R L N T E T Y C R J Q H X D
A C E T V O C I E I I B A D L C P R
L O K O A M M N Q S N T N C U V D W
Z P Y X V A R G Q I G H T B D D M D
X Y M A O Z J E B N P Y A M F S N I
B W X D K Q K W G G O N K K D U Y V
D R D C T R K H Z J W L K Y O Z Z E
R I D O G T K Y X E E W G H U E T R
D T I P A Y W T C U R K Q P P R Q S
B E R Y W O M A N S T O U C H O K E
U R P C S M B Q C L I O K I H R R B
E V O O K X L A U G N I L I B Y S Z
```

AD COPY	CUBAN	MIGRANT
ADVERTISING	DICTIONARY	REFUGEE
BILINGUAL	DIVERSE	SAMS
BUYING POWER	LATINA	WOMAN'S TOUCH
CLIO	MARKET	
COPYWRITER	MARKETING	

In the era of *Mad Men*, Sara Sunshine, a Cuban refugee, was a pioneer in New York's advertising industry. She held a leadership role among men, working on diverse markets, and arguing that Latin communities in the US had buying power.

Elena Kagan

```
I  T  S  L  P  S  A  Q  P  E  J  J  T  B  R  G  V  R
S  X  O  P  C  O  E  S  R  P  X  X  R  Q  E  N  B  O
Y  W  O  R  U  L  A  H  I  V  P  A  U  G  V  E  B  O
U  H  V  O  A  I  C  M  N  S  W  H  O  M  R  P  X  G
Q  R  R  F  W  C  O  K  C  V  A  A  C  O  M  K  G  F
Q  E  F  E  H  I  N  F  E  T  Q  M  E  D  D  O  C  U
R  D  E  S  I  T  G  J  T  F  B  R  M  E  H  N  A  Y
Y  N  M  S  T  O  R  O  O  M  F  O  E  R  V  X  S  W
I  A  A  O  E  R  E  X  N  A  O  J  R  A  L  V  E  G
K  M  L  R  H  G  S  F  O  J  Q  U  P  T  T  O  J  S
T  Y  E  V  O  E  S  O  A  O  O  S  U  E  C  P  Q  Q
U  R  D  D  U  N  I  R  V  R  X  T  S  Z  O  I  W  C
H  R  E  K  S  E  O  D  E  I  U  I  R  P  U  N  I  W
F  E  A  M  E  R  N  Z  C  T  L  C  V  Y  N  I  K  Y
T  G  N  E  Y  A  A  R  C  Y  J  E  G  X  S  O  A  R
K  L  H  C  P  L  L  R  Y  K  W  H  O  L  E  N  Y  N
J  D  V  Z  U  T  B  W  C  V  R  G  N  I  L  Z  K  R
Y  C  Y  X  V  B  H  A  R  V  A  R  D  B  O  X  M  F
```

CASE	JUSTICE	PROFESSOR
CONGRESSIONAL	MAJORITY	SOLICITOR GENERAL
COUNSEL	MODERATE	
FEMALE DEAN	OPINION	SUPREME COURT
GERRYMANDER	OXFORD	WHITE HOUSE
HARVARD	PRINCETON	

Elena Kagan is an associate justice of the US Supreme Court. When she was appointed in 2010, she joined Ruth Bader Ginsburg and Sonia Sotomayor, which put three female justices on the court for the first time in US history.

Marian Anderson

```
W B I G J T B H T C H H F K C R C J
J B G O O D W I L L T V H W A E A W
I V J G D I E U S T U D I O P C M P
C G B N E P R P Z N L Y E Y I I D H
C U H V M Y I W G C I A R R T T E C
B V O T I U T H O N M Q P E A A N K
Z G H X X K T N T B I W R I L L W X
L F S P R S T E A A H G W I S V Y R
U R E I T R G S R U Z E R O T A Z Q
F Y U N A R S D T D W N U Z E W D H
V X J L A A X R S I O F R B P A T U
X I T T D M M X E E X P X O S R G R
T O E O A U G O H N O E E B D D M D
T D R T S Y O M C C K Q G R K R J W
H F J I U L U F R E Y H X N A V W W
J O C W H O L E O S S X M C I H U C
D D P H I L H A R M O N I C T S M M
S L A U T I R I P S O J R U U N G K
```

AMBASSADOR	CONTRALTO	PHILHARMONIC
AUDIENCE	GOODWILL	RECITAL
AWARD	INTEGRATED	SING
CAMDEN	MUSIC	SPIRITUALS
CAPITAL STEPS	OPERA	STUDIO
	ORCHESTRA	

In 1936, Marian Anderson became the first African American to perform at the White House. Then, Eleanor Roosevelt invited her to sing at the Lincoln Memorial before 75,000 people—an event viewed as one of the defining moments of the civil rights movement.

```
T G N W F K J B E E J X B P X F U R
T P D M W R Y K O D O W W G O Y H E
X F H M I E Z Q O J U H U O R S R V
X U P Q D G F N A B O C F X A Z L O
L J X Q I I V E W L M Y A V I H X L
E W P V S M L H E E Z Y W T D K Y U
A N Y R C E V C Z Y S Z V U O R H T
D M Y Z H N I A M E R I C A N R K I
E Z T N A T E D E S I U G S I D X O
R V U D R J T T W K P Z V S T S G N
B D U W G N R T T P E N S I O N F U
B V C H E Q V A A G N G Z E R O O J
U H U P P A T R I O T O F P B H R P
T M P I R U O T E R U T C E L W C C
N R F W E A V E R K M H A T W O E U
C W I N F A N T R Y A L X N R O S J
D M A O W N O T P M Y L P H J D S E
O W C G E T M I L I T A R Y L E L H
```

AMERICAN	INFANTRY	PLYMPTON
DISCHARGE	LEADER	RAID
DISGUISED	LECTURE TOUR	REGIMENT
EDUCATOR	MILITARY	REVOLUTION
FORCES	PATRIOT	WEAVER
	PENSION	

In 1782, Deborah Sampson disguised herself as a man to fight in the Revolutionary War for seventeen months as a combat soldier. She was the only woman to earn a military pension for participation as a patriot in the Revolutionary War.

Ruby Bridges

```
A I R W C W S D Z C A C K Y M B X Y
R U N Y W H E I E N R X R V E C X Z
F J C R Q O G S J B Z C B T S W K E
I Q L N E L R T E R Q V A P A M Z R
X T A E N E E R E V S R E L Q W M O
S R C H C R G I X Q G A L A H H Y Q
S A T A T U A C K E K W C G F R P T
C V I R V E T T I H C Z N A C P B
H E V A X H E N N I F F V T F W L O
O L I B A N I G T Z X R N Y W C F O
O A S R W A M E Y F E E A C M U M K
L G M A B G T Q H C M G H N S T X A
L E F B X R W A T E S W O G T G B W
A N M K O P A W L P K M C Y I Z C A
J T C C Y F Y E B Y V L X Q W W L R
B A S B C Z S T U D E N T M J P S D
A E O M A R S H A L S P Q X Z N V B
T Y Q S O U T H A R V N Z Z P T F W
```

ACTIVISM	ELEMENTARY	SEGREGATE
ALL-WHITE	ESCORT	SOUTH
BARBARA HENRY	FRANTZ	SPEAKING
	INTEGRATE	STUDENT
BOOK AWARD	MARSHALS	TRAVEL AGENT
DISTRICT	SCHOOL	

Ruby Bridges is a symbol of the civil rights movement as the first Black child to go to an all-white school in the South. She was a class of one, and never missed a day of school her first year.

```
H W J H V N O A M S V J M T S F Y B
V G K C G Z Q C E B K J W C A N K M
A O H P H X T X P O F B I W R W Z Z
A I H P L E D A L I H P I H E D G S
X I U U C B Q U O R T P T O P F O E
T A I V Y Y Z W S S Y V K L I E T A
R R Z F D C F E W M K H G E W E A M
B E O O S D W A H I N A C R A X B S
A D W R F L A G N T A T G F S Z J T
N I K T V Z F J V H T V R U H S H R
N O A M M E E N E S I R P J I P C E
E R N C P R V G K O O K T G N A L S
R B T H Y O S M Y N N Y Q F G N A S
J M H E K T H X R I A E N T T G R J
M E E N A J T T V A L Q N P O L G T
B Z M R N U Z J R N H D U M N E E Y
M T N Y B A L T I M O R E S W D B W
W U F E M A L E T E A M L I F B L L
```

ANTHEM	FLAG	SEW
BALTIMORE	FORT MCHENRY	SMITHSONIAN
BANNER	LARGE	SPANGLED
EMBROIDER	NATIONAL	STAR
FEMALE TEAM	PHILADELPHIA	WASHINGTON
	SEAMSTRESS	

In the summer of 1813, flagmaker Mary Pickersgill was commissioned to sew two flags for Fort McHenry, one of which was the Star-Spangled Banner, now on display at the Smithsonian. It took seven weeks to make and weighs fifty pounds.

Elleanor Eldridge

```
Y T W W R V X J C C B H C Q L V H N
R U E N E R P E R T N E X S C P P L
B H U N C U L R O G N W I I S R E A
U F N O O F A I T Y P H U S S O R Q
M B A W V A M G P S U J P T P P S R
Q S T E E E N H F E Y U U S R E I E
I M I M R U A T I O C N B I I R S P
P P V A E O R S R X O M L R N T T R
J G E R A Q R B X V U O I I G Y T E
O L I H M P A H H V R X S O S M Z S
G I B A E U G T A E T Z H M T G L E
Z E R O Z N A I O P M O E E R F O N
C R X T M V N L Y Q S U D M E Y B T
N I A G E R S W H O L E L V E B E C
F U G P E Y E M L B F B T O T E S C
B L A C K V T T W M I J F W V L M S
N X I B E R T F N Z U M M N O S X R
C R K H S W J W W N M J U C E O T G
```

BLACK	NATIVE	REPRESENT
COURT	PERSIST	RIGHTS
ENTREPRENEUR	PROPERTY	SPRING STREET
MEMOIRIST	PUBLISHED	TYPHUS
NARRAGANSETT	RECOVER	VOLUME
	REGAIN	

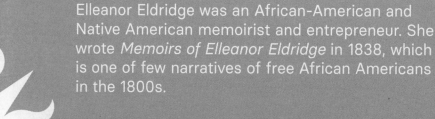

Elleanor Eldridge was an African-American and Native American memoirist and entrepreneur. She wrote *Memoirs of Elleanor Eldridge* in 1838, which is one of few narratives of free African Americans in the 1800s.

Katharine Hepburn

```
H A R T F O R D V H F X M H X F I U
D V H U Z X F R I M E K B W Z K Y S
Y B X N W R P N N D M G K A T E T C
U U R Z L E I L S O A F S B Z N R H
L F Q A P C B V T T L Y A S A N T A
F A S A T O E V A N E X R P T I S P
I L Z A N R S O N J P C W P M V T Q
L P W M K D T Z T K R R A R T J Y G
M V S G M W A E S Y E N M O B W L P
S B P M C T C E U G S V N Z B M I J
G G I L L C T R C O E O Y F W P S K
S P R H H S R M C N N M R T U C H B
T B I D X A E A E Z C K B N V T L G
R W T R T F S A S M E V V B S I I W
A I E K H M S I S J G F V S M Q M J
S D D R P E R S O N A L I T Y T L G
F X B W U I N D E P E N D E N T F O
K F N E W R A C S O E S F M A J Q N
```

ARTS	HARTFORD	OSCAR
BEST ACTRESS	INDEPENDENT	PANTS
BRYN MAWR	INSTANT SUCCESS	PERSONALITY
FEMALE PRESENCE	KATE	RECORD
FILMS	MGM	SPIRITED
		STYLISH

Katharine Hepburn was one of the most famous actresses of all time, with a career spanning eight decades. She won four Academy Awards and holds the record for number of wins by an actor. She was known for her headstrong independence that inspired a new kind of female presence on the silver screen.

Patsy Young

```
E Z N E W S P A P E R A D X L H L L
J N C K C W H O L E F R I S W X D P
K A S E X P S E O X I A R S J R A G
W N K L R L U J Y Q X L E E Z T D B
S I K Z A U N N H N R E E R J X K P
Z L B E U V T Y M P V I B T V K H W
K O R R K O E P P L G G R S G K A U
G R E O U H B D A C M H I M U Q G R
P A W S M K S J H C I R F A B L E W
D C N Y Y T N U O B X E U E I Y M E
N H J L I O F V Q H E G G S E Y I R
E T A M X B X A V A D I I C S Z G O
Z R S I A K W N M L R S T W C S V A
V O R U N A W A Y I A T I U A V I N
O N X V V W K Y H F C E V E P S W O
R C R E W A R D C A E R E X E H T K
J Q Y N A O R N X X M W M B P K S E
L C C U N I S Q Z L X V A G H M H N
```

BEER	FUGITIVE	RALEIGH
BOUNTY	HALIFAX	REGISTER
BREW	MIXED RACE	REWARD
CAPTURE	NEWSPAPER AD	ROANOKE
ENSLAVED	NORTH	RUNAWAY
ESCAPE	CAROLINA	SEAMSTRESS

Patsy Young escaped enslavement in 1808. Known as the "Fugitive Brewer," she made beer to sell while bravely on the run, seeking her freedom. Her reputation as a brewer was well known at that time and she's since been recognized as one of the nation's early brewers of beer.

Judy Garland

```
Q A E B O L G N E D L O G X H E A T
L R T V Y P D W C X N W C A E E J R
P L H H S U Q O N D H M K C Z N E V
A S D C A X M N W O V Z A A H T T C
C R C L E E V C L H D N S D Z E A V
T Z S J B G W E T O O S L E O R R X
R S G A T O B H G L R K V M F T U H
E K C H Z M Z J O L O Y M Y E A T Z
S K F J I U G E X Y T R G J A I I Z
S W Q G Y F E M R W H E I B H N B M
H F M N K I Z F K O Y G M C Q E R O
N W N O J G L O F O G N Q W P R A D
M M U G H U U I T D P I G S F Y B R
J Q Y E F R A N C E S S E Y A P Q A
I K J R A D I O S H O W E Y T O Q T
K G A Y O I W D Y D R A W A Q Q Q S
X L E V H Z X W D N M S H E D E C E
M H P A G T C A R N E G I E Q Z J P
```

ACADEMY   COMEBACK   HOLLYWOOD

ACTRESS   DOROTHY   MGM

AWARD   ENTERTAINER   RADIO SHOW

BARBITURATE   FRANCES   SINGER

CARNEGIE   GOLDEN GLOBE   STARDOM

GUMM

Judy Garland is one of the most widely known actresses and singers of all time, best known for playing Dorothy in *The Wizard of Oz*. Her career spanned forty-five years and many consider her an American treasure.

Lucille Elizabeth Bishop Smith

```
E C T Q S G J X A F O G F L M D Z J
Y W M R H I R C W B X H I F E C X D
B H E F E K S L N B P I N Y U O V C
X O R R I A A E B H N A E C U O Z T
Z L I U S H S N P V I Z F Z Q K E O
W E T I A H L U E I K G O X Y B R A
K X M T B R C N R B C V O K V O O F
W B O C M P T V W E L E D X K O D O
L I T A I O W J E J C B R W X K F R
Z S H K R G Q G C X X H S V X A X T
A C E E L H K Q F D T D E K K D M W
T U R E S U O H E T I H W S G V B O
D I I Z D P J T H H B J T O T O Y R
B T P L R X L Z R C H E F A M C S T
Y M Z V V N Z E T O X A E M Z A W H
M I U Q U V H K X A L O B O X T Q G
Y X M Z P X X L S U F L D K E E V U
D D N Y N Z N C A T E R I N G N P L
```

ADVOCATE	COOKBOOK	MERIT MOTHER
BISCUIT MIX	FINE FOOD	RECIPE
BOX	FORT WORTH	TEXAS
CATERING	FRUITCAKE	TREASURE CHEST
CHEF	HOT ROLL	WHITE HOUSE
	INVENTOR	

A chef and inventor, Lucille Bishop invented and sold a hot biscuit mix and has been called "the first African-American businesswoman in Texas." Her biscuits were so beloved they were served at the White House and on American Airlines flights.

Edith Head

```
A V D S E D N A M O D E T G X Q H I
V D B O U G Y G W G V K W C V X T U
F H B C I Y Y W L H U B H Q J Y G C
S B L O E S O X G X O O K D V F V I
D J O S L J C E W O U M D B X B D K
S R S T O T E F H I V S O O A E B A
S E Y U H T A W N A K L S V S P J V
A C A M W D Y A I E A T A I I V Y S
V O U E M G R B T S R Q G F G E M Z
T R M I L D R C R I H N A M S L E W
T D A G I B H E K E E W L T Z X D E
Q U T U L Q V I V R X S C E N Z A Q
R U R W C I N J H X Z H R I H T C R
P N U G N G F I L M N O W W A Q A M
O X I U C M E V S A R O N G C K W I
K Y X V R T N U O M A R A P B I A N
R E N B B K C X B X T L M U I N V K
Y L K A A W A R D S V U Q T F G P O
```

ACADEMY	EDNA MODE	RECORD
AWARD	FILM	SARONG
CHOUINARD	JEWISH	SKETCH
COSTUME	MINK	STRIKING
DESIGNER	MOVIE	UNIVERSAL
	PARAMOUNT	

Edith Head was a Hollywood costume designer who was nominated for 35 Academy Awards for her creations in movies between 1948 and 1973. She won eight, making her the most awarded woman in Oscar history.

Maria Tallchief

```
B A L L E R I N A S J D T Q J M F O
D V Q C V V T H D H R M Z C U K P V
D L L R E K C A R C T U N E H T R W
N A M B N T L Z E R O B E P E I O Q
A X N A B Y T P M D Z U L L I T E S
T B V C J J X L F I R E B I R D P H
I X D H E O B E G A S O G A A G D T
V G I K A R R F M Z O H Y Y P L D E
E H R F A I R Y O W H O L E P K D B
I L E A B M O H T E H T X A W E M A
H Z C U L Q L O X V B A L L E T Z Z
N C T A X G U U X U Q J F P B E S I
F H O Z N L D H P R I M A W N F M L
Q M R H T P A Z E K Z O A F N Z D E
L Y R I C O P E R A F H A Y K J R Y
F S U S U G A R P L U M X O O P Z N
Y A M K O K L A H O M A B R U M N L
O M I H J L R W F D F E C Q H C A Q
```

BALLERINA	FIREBIRD	PRIMA
BALLET	LYRIC OPERA	SUGARPLUM
DANCER	MAJOR	THE NUTCRACKER
DIRECTOR	NATIVE	
ELIZABETH	OKLAHOMA	WA-XTHE-THOMBA
FAIRY	OSAGE	

Born on an Osage reservation, Maria Tallchief was a Native American ballerina. She is considered to be America's first major prima ballerina, and she was the first Native American to hold such a title.

```
F M S K I V V P L E B Q T Z E U K P
X X Y W E E D R S B A J W Z S I W O
V U B U C W Z J I R B F X X L P N S
W O R P R L W A T P S T G E M G F T
W A X H R T O Z X W Q O D T K J S E
S D I O E C D O L L H O U S E N N R
Z R E T F V Z N Q T M R H M F F O X
Y Q A O R X B O A Z E R O O C S P I
R W S V J E E B U V K V P K D O N U
O Z A P E I S S B C A N V T V S S G
S J I E R N V S M S Q L J W P K R W
I T R L W V E I Z C Q X V I E W E K
E O C O A S S E M B L Y R B V O T I
D O R H H O N B E K C E C Z F R E I
D L A W W I G M A C H I N E B K V Q
R U F A Z A R V X C K H Y Z J E I H
E R T U D A R U F U P I L O N R R Y
V F A I R S T A T I O N R O Q V D C
```

AIRCRAFT	MACHINE	ROSIE
AIR STATION	MODEL	TOOL
ASSEMBLY	NAVAL	WAITRESS
DOLL HOUSE	PHOTO	WAR
INSPIRE	POSTER	WORKER
	RIVETER	

Naomi Parker Fraley is regarded as the "real" Rosie the Riveter depicted in the famous WWII poster. She represents all the brave women who worked tirelessly behind the scenes—riveting and beyond—to contribute to the American war effort.

Mary G. Ross

```
E E T K V O R B I T U Z V N T N R L
Q P K G D E N G I N E E R B Y I I O
C O E Y T C O N C E P T L A I N L C
K N A T I V E S Z N R B F D K T O K
J Q S K U M A X H N G A L O A E R H
A G A S R R Q T X V I L Y C E R E E
Q G D O L L A R C O I N O I R P Z E
I T E E I Q T E Y W R M E O L X D
E H S N P T R T L W P T F L S A H P
H A F G A A N A T O O O R R P N Z Q
B F L O V R D P R F F U I Q A E Z V
W F E E L E O A R S I J D T C T K W
X H L C S K T C E O H R E I E A D Z
U Q O I U I J H K P G U N A R R M L
D W G L O F K I Q E L R Y Q O Y N D
P N A N E H J M G M T T A A X O I K
P N S L I D E R U L E A O M T R K B
S A P H S K U N K W O R K S K D W B
```

AEROSPACE	DOLLAR COIN	ORBIT
AGENA ROCKET	ENGINEER	PROGRAM
CONCEPT	FRIDEN	SKUNK WORKS
CORPORATION	INTERPLANETARY	SLIDE RULE
DESIGN	LOCKHEED	TRAVEL
	NATIVE	

Mary Ross became the first known Native American female engineer when she was made the very first woman engineer at Lockheed just after WWII. After decades of work on designs for space travel, she devoted herself to guiding women and Native Americans into engineering careers.

Dorothy Arzner

```
Y Y Z G D K U M H Q P L E Y B F D F
T F S E T C E L O Q X S R L X G T T
S E D L M M J T L W X L U C A I K O
T M K T B D I O L S Q Y T L W T R E
A A L E B S A V Y C E Z A G C R G E
L L R I P A I B W I A G E I E G D R
K E P O F Z O Y O N X N F H P I S L
I D A S X T Z H O E R L P V T Z G R
E I R T T R N F D M L A X O K A O Z
S R A U F V E E M A R R R N J Q W H
B E M D P F D H L G L W N N P F A K
O C O I X I Y A O I C U D G G B V U
N T U O D R G N L D S A E W E R B R
T O N U E S E C F E E I R I L K U B
Q R T Y K T X A I M X K G E F I D E
U C B N S O G G L U Z W N A E R U D
U V O C W G T V M P N D B E C R A J
M I X N Y E K M X Z L D X Y G R S T
```

CAREER

CINEMA

DGA
(Directors Guild
of America)

EDITOR

FEATURE

FEMALE
DIRECTOR

FILM

FIRST

HOLLYWOOD

MEMBER

PARAMOUNT

SET

SILENT FILMS

STENOGRAPHER

STUDIO

TALKIES

Dorothy Arzner, one of Hollywood's few directors, helmed 20 movies between 1927 and 1943, including *The Wild Party*, the first talkie for actress Clara Bow. Arzner was the first female member of the Director's Guild of America.

Janet Harmon Bragg

```
C G C O V W T X V B A M F J P R U Y
O K J K H H R F N L E Q L S O Y Y M
M C D O V E A D U A R E Y P P P M L
M T L U R R I E R C O L E E S U Z X
E E F F W G N S S K N J B L T L L L
R C R L Q W T A E A A R S L B I J D
C B A I R Y F H W V U J C M J C A U
I A I G D F E C E I T U H A P E H B
A G R H C S F R X A I N O N N N C P
L K F T H D U U A T C L O A Z S D P
O J I S I N V P M O A X L A R E P H
B T E U C C I H Q R L P D D G D Z Q
B U L I A L H H E C P I W H D J V T
U L D T G B I C K M L Y A B E H O V
U Z E R O P I L O T R L C P W H K V
L X I T R Y Z M J F N D H Z F L P C
P C V G L D F R G M E S M A X R L W
Z M K W G C F A W T U S P O I B N C
```

AERONAUTICAL EXAM PLANE
AIRFIELD FLIGHT SUIT PURCHASED
BLACK AVIATOR FLY SCHOOL
CHICAGO LICENSE SPELLMAN
COMMERCIAL NURSE TRAIN
PILOT

Janet Harmon Bragg was an American aviator and the first African-American woman to receive a commercial pilot's license. Despite being repeatedly denied a license because she was Black, she finally received her license in 1934 from the Curtiss Wright Aeronautical University, a school that she herself helped to found.

```
K H E L O H W N E D G X C G S E S Z
A M S S A O M O I F X Y Z P R Q A X
M A D O R A G N W S D C W E P S S J
C J J S B E P R D G P E A Q R R N D
S R V R S V X C Z T R R Z K V O A U
V J R Z G X J O K J O K E Q B K K N
A G T E M P E R A N C E G V E P O O
V L B A L S E S V P Q Z M Z K V F I
O I N V F F I R S T F E M A L E F T
T S P N P T Z I E L O P A N R P I I
E E O A F N U T C E L E K S V A C B
I R L H I Y Y C N X L D V Z P R E I
R V I V P N C A N D I D A T E T R H
T I T U C Z O H B B C K P L X Y J O
Z C I R C V W G P O Z M A Y O R T R
A E C V S A X K R X C K Q M L Q B P
G Y S S W V M E L A S F A C Z P N G
I R U R O U N I O N M B V M W Q O M
```

ARGONIA

KANSAS

PROHIBITION

CANDIDATE

MADORA

SERVICE

ELECT

MAYOR

TEMPERANCE

FIRST FEMALE

OFFICER

UNION

JOKE

PARTY

VOTE

POLITICS

Susanna Salter, a young Women's Christian Temperance activist, served a one-year term as mayor of Argonia, Kansas, in 1887. Nominated as a joke by men that hoped to discourage women from politics, she won two-thirds of the vote, making her the first woman mayor in the United States.

Kathryn Boyd

```
B L A C K G O L D I F D R Q N X J Y
Z V N A M E L O C S E O R Z H P N K
Q G V V A Y Z F L Y I N G A C E A A
Y N O A S A T P S U C E F L N T X L
M O G R N C F J T P E S Z Z I P O T
A R T I Z V G D A N A A I E M X B H
L M G E X K E G G V I I R Z Y S E E
A A S T A I L S E T R S H Y F R W A
I N T Y H A L H M U P P E N O K H K
A N R S C V E Z A T L S H E W M O V
C O R H A Q T U N G A T S R P Z L Y
T K I O P B W S A F N U I Q E J E Y
R B F W N E A Q G P E D G R Y E K G
E H Z N M O S D E C E I T U K P Y U
S R Y O V U D T R F T O C U P G B F
S Q P M D A C E I T C R I N E R N N
N Z W W N V N I G S X Y R P Z W T P
U S I L E N T F I L M U Y N M D T X
```

ACTRESS

DECEIT

SILENT FILM

AIRPLANE

FLYING ACE

STAGE MANAGER

ALTHEA

HEROES

STUDIO

BLACK GOLD

KATIE

VARIETY SHOW

COLEMAN

NORMAN

CRINER

SAWTELLE

Kathryn Boyd was an actress in the 1920s. At the time, African-American women often had stereotypical film roles as household servants. Kathryn Boyd's performances were hugely important because they showed audiences intelligent, competent Black heroes.

```
U I V O I C E C O S Y S T E M N S G
P A C B F W I L D L I F E S V S W L
E V E R G L A D E S Q N O I C X A O
E K K Y F D P T E V R E S E R P M N
E M G N E L D V U G C S B E B S P K
H C J F N O F L O R I D A N I X W T
X D Z B V N A T U R A L P O K F L Q
B H Z M I K M Y W C K U S B R A R E
W X H Y R W E L L E S L E Y C E O V
N A T I O N A L P A R K X M D F V T
Z E R O N L X L B J C W B C K S H K
T N O U M X N I Y N H Z R P T R I Y
W U V D E O U F C O K O N R E D D F
E M E P N R C F L N S X D A D E B R
P D C N T E R E Z S A R T J X H T H
M H F R I V E R O F G R A S S D X D
P B E C R U O S E R Z M D F R U C V
R A H S N O I T A V R E S N O C J G
```

CONSERVATION   NATIONAL PARK   SWAMP

ECOSYSTEM   NATURAL   THREAT

ENVIRONMENT   PRESERVE   VOICE

EVERGLADES   RED CROSS   WELLESLEY

FLORIDA   RESOURCE   WILDLIFE

RIVER OF GRASS

Marjory Stoneman Douglas wrote *The Everglades: River of Grass*, which called attention to the ecological importance of the Everglades and its wildlife. She was awarded the Presidential Medal of Freedom in 1993 when she was 103 years old.

Rodslen Brown

```
N A I D N I N A C I R E M A X I E J
G J G Z N O V Z M C O V T P R C S K
L P F L A Z E R O F Z X G Q H L K A
V C L P T U S M W I H C R E Z A G F
R R X P I B M E J T X N R T S C M R
P K O Q O U A P S N H O C V D E A E
R Z A B N V F R D E K T W R M M D E
P Q L I E R D O X E Y I Q C U O V D
D C T X E V A J E B I H J U S X O M
Y Y E R P I M E G S J M U Y E I C E
K G K K C V B C U B G A E Z U E A N
R T S I T R A T V U T K D Q M S T N
W S A K W C W A G L Q E K G C L E U
H V B D W N M B O S S R T Z R C Y G
O G I B V C G U V K J G S G L S F M
L P U B L I C P U R S E K B Q L J T
E T E R Q O R G A N I Z E R H X G S
C O H K H W E D Z D Q J R G H Z W V
```

ADVOCATE	COMMUNITY	ORGANIZER
AMERICAN INDIAN	FREEDMEN	PROJECT A
ARTIST	LACE MOXIE	PUBLIC
BASKET	MAKER	PURSE
CHEROKEE	MUSEUM	WEAVE
	NATION	

Rodslen Brown was a member of the Cherokee Nation and an Oklahoma-based artist. She was famous for her woven baskets and learned to weave from fellow Cherokee basket makers. She was an award-winning weaver and advocate for her community.

```
R J A M H D D O C T O R A T E C R S
E I P S E W O A X O Q C L E R K C O
P R U U T N L K U F S D Y T H P W V
I E L N R R O X V T O E A G H G L Q
L L S F O V O B N D M R H T Y Z I G
T A A C Y F O P E R Y U D J O D P R
N N R Z A U D G H L C J J N X V I G
E D S K L N Q Q U Y P G D G D T L G
D C W G V D X K U L S R X D A X O P
I A H A M A E W Q A T I I F M P Z Q
S M O W W M D U P T K S C Z E I R T
E B L P Z E Y L K H C E M I E P A G
R R E C U N H P S O Y V R M S F C L
P I F O K T U O V W D S A A Z T Z M
T D K Z W A C E J S O C I E T Y E V
O G J H W L R D V C X T L C Q X R M
I E L K W Y M T F Y Z I Q V S V O V
I Z P I I D K S E U E T H V B K Z H
```

ASTROPHYSICIST	DOCTORATE	PRESIDENT
CAMBRIDGE	FUNDAMENTAL	PULSARS
CLERK	IRELAND	QUAKER
DAME	NOBEL PRIZE	ROYAL
DISCOVERY	OXFORD	SOCIETY
	PHYSICS	

Jocelyn Bell Burnell is a British astrophysicist who discovered the first four pulsars—magnetized rotating neutron stars. Her discovery resulted in the Nobel Prize in Physics in 1974, though she was not included in the list of prize winners.

Dr. Dorothy Ferebee

```
Q N Z V A C C I N A T I O N K A S Y
H V A H U Z D N I N E P O I N T B U
T A U I W O Y U E A M O L P V N F V
L N Y M C B J M D A Z A G C S E R Q
A B Y W A I L X F F T B J W Y I E J
E H S J C X R Q X I I K D H M G E N
H E E T O S E T P C C B I O F H D C
C A X S Z Z M S E W Q O V L T B M N
I L E O E L O A F T C C J E N O E W
L T D R C H H P U U S W J F E R N B
B H O O X Y O V T Q Y B Y V B H S W
U C O N T R A C E P T I O N X O O U
P A C H W C L A C W G I K J T O J E
T R M E D I C A L S C H O O L D X S
N E J C D A Y C A R E Y A P G N T I
J Z B L A C K C O M M U N I T Y H G
Z V R J G P T G T B V F U S M M R R
L S H R E C R E A T I O N A L V K H
```

BLACK COMMUNITY

CONTRACEPTION

DAY CARE

EXAM

FREEDMEN'S

HEALTHCARE

HOSPITAL

MEDICAL SCHOOL

NCNW (National Council of Negro Women)

NEIGHBORHOOD

NINE POINT

OBSTETRICIAN

PUBLIC HEALTH

RECREATIONAL

SEX ED

VACCINATION

Dr. Ferebee was an advocate for public health. In 1935 she organized the Mississippi Health Project in which she and several more Black nurses set up medical clinics out of their cars, treating thousands of people, many of whom had never before seen a doctor.

Katharine Lee Bates

```
P W F O B F F R E K A E P S Y K H O
F A L M O U T H U P S O L M X X I B
B T Z H R U H Y I A E V S X U C T E
N E R H Y O N I S T I E Z N I P S A
C A W D Q M F D T W A N T H E M O U
E I M V U N N E T Y W H O L E C N T
F X I O L D S D R E T W P N O O G I
G P P Z C A Y G P L X U J M V Z W F
F H A V D G Q B F Q A T O V J E R U
Z P R O F E S S O R H I B F B R I L
Y G X A M E R I C A D N C O J O T G
R L I T E R A T U R E K C O O E E B
O C L C S R C W D J W P P G S K R G
H X M A N U S C R I P T I P P U Y H
T S D C T V H J F A V P U F J R W R
U U P D S F Z Y L R W U K M D J H B
A U B A G Y E L S E L L E W Q B N C
J M R N V T G B J J J Y A P J I R X X
```

AMERICA	FALMOUTH	SOCIAL REFORM
ANTHEM	HYMN	SONGWRITER
AUTHOR	LITERATURE	SPEAKER
BEAUTIFUL	MANUSCRIPT	TEXTBOOK
COMAN	POET	WELLESLEY
	PROFESSOR	

Katharine Lee Bates was a poet and author best known for writing "America the Beautiful" in 1893. She was also a professor of English literature at Wellesley College in Massachusetts and instrumental in establishing American literature as an area of academic study, writing one of the first college textbooks about it.

Annie Malone

```
B C K M C H F D K W H R B V O H O H
E R O J O J A J P O R O D J W T Q X
A E C S M U A I U V V B E N S E N L
U J O F M F Z K R P J M J C C M B E
T I L Q E E E C B C H F T A I R L N
Y C O R R O T H Y X A E L L T I A T
L R R H C Q K O H J I R L H E V C E
M J E M I B N S L J G I E A M P K R
L C D N A C A G K O O E J I S R P P
W M O D L L Z X C N G N F R O O R R
U W R N E P V C A G A Y W G C F E I
D T P S L Z T I E P N A L R M E S S
B U H J M A R K E T I N G O O S S E
A R A Z S E I J T J S L D W S S E G
B N N V L U C O L L E G E E H O T K
G B S A I C I C Q X V O U R O R W C
C O A T H F G E B I R R P O N L D C
T U L Y Z E B U S I N E S S K M L T
```

BEAUTY	COMMERCIAL	MARKETING
BLACK PRESS	COSMETICS	MILLIONAIRE
BUSINESS	COSMETOLOGY	PORO
COLLEGE	ENTERPRISE	SALES
COLORED ORPHANS	HAIR CARE	TURNBO
	HAIR GROWER	

Annie Malone has been credited as the first African-American woman to become a millionaire. Around the turn of the twentieth century, she developed a hair stimulant she called Wonderful Hair Grower, which she sold door-to-door. Saleswomen who later worked for Malone included cosmetics manufacturer Madam C. J. Walker.

Mary Jane Rathbun

```
P F F X O B A R C W B Y C H Z S C Q
S T E E G V R E H O N O R A R Y O C
P I I T D V R S L B K L J Q B M L R
E R S A K I R H F T R O M L A Q L U
C P E R X T V R N S S C J R X J E S
I M Y B E P Q I I S J A I W I D C T
M S O E N H L M S K E N C P P Q T A
E G D T N C K P Z I E Y W E J J I C
N R Z R H U Z N S B O S C V H E O E
V F E E P R X E I M K N K J G T N A
K O R V R A H O R K F X H D C Y U L
W X E N J T L Q L O R X J E N W Y V
S U C I B O I K N W S M P N A E L Q
G S O Z G R F X W X I D M J M D U X
V B R Y S S M I T H S O N I A N C Y
V P D K B W H O L E Q E E H O Y I H
D A Q W D E C A P O D O C E A N X W
K K R E L C K I O R J T V W X J X X
```

CLERK	DIVISION HEAD	RECORD
COLLECTION	HONORARY	SHRIMP
CRAB	INVERTEBRATE	SMITHSONIAN
CRUSTACEA	MARINE BIOLOGY	SPECIMEN
CURATOR		THE CASTLE
DECAPOD	OCEAN	

Mary Jane Rathbun was the Smithsonian's first full-time female curator, passionate about the ocean and crustacea. In 1894 she was made second assistant curator of marine invertebrates, and by 1907 she was in charge of the entire division.

Ruth Carol Taylor

```
D T V Q Q V N N G H P C L M J I W J
E R Y T I R O N I M J O Y A M F Q X
E Q U A L I T Y B W C N U R L U R X
K H W V S P R O Q A E S Z R C E J X
H M Q R S G M U U S B U X I I I D M
M O H A W K Z E P H L M V A N R S W
A T T E N D A N T I A E E G R Z F O
J D S D G U T S C N C R M E X M X M
X I T I X C U F T G K A K R P A O E
X R T Y V W L M R T B F K M D R Z N
Z I H Y X I U U S O O F V S E J D S
Y R A S G P T R D N O A B Z G R F R
B A W H A W S C R Q K I N R P U Z I
T O T U E N H V A U M R V T Q P K G
V X X K S S J O U R N A L I S T C H
W N H C R A M D L P Q E S R U N V T
A U T H O R Z T L E V B A F Q A N S
C N E A I R L I N E B R H G C M J D
```

ACTIVIST	AFFAIR	MINORITY
AIRLINE	EQUALITY	MOHAWK
ATTENDANT	FLIGHT	NURSE
AUTHOR	JOURNALIST	WASHINGTON
BLACK BOOK	MARCH	WOMEN'S RIGHTS
CONSUMER	MARRIAGE	

Ruth Carol Taylor, a nurse, became the first African-American flight attendant when she was hired by Mohawk Airlines in December 1957. She later became an activist and participated in the 1963 March on Washington.

Serena Katherine Dandridge

```
J J P L R N Y J E M F L J G I J V M
U C U M Z G U F V U A S H S S W P L
A I B I Z O O L O G I S T S R E R N
H F L L J J W J S K G S G S E A O A
H I I L H B F C H B R D N B R B S I
S T C U E K K W E J D S Y T P N E N
U N A S D V Q A P G K T J T Z D B O
F E T T R I C B H R I F R U T Z R S
F I I R A O B F E S L A I L E G A H
R C O A W L U Z R X C X M R F Z K T
A S N T I E M E D E H E O P J K E I
G L L O N T V K S W O I U U R D W M
I B D R G I I G T A P U B I I D B S
S Y T W D S P T O X D B E I A A S T
T N B O Y Y V N W H Y I N H T Z T G
S W I E C J G N N R F A O D B E X X
J B D C A R E E R W H O L E U O R W
B F T P J R E S E A R C H U M X K D
```

ART
ILLUSTRATOR
SMITHSONIAN
BIODIVERSITY
PUBLICATION
SUFFRAGIST
CAREER
RESEARCH
TRACE
DRAWING
ROSEBRAKE
VIOLET
EXHIBIT
SCIENTIFIC
ZOOLOGISTS
SHEPHERDSTOWN

Serena "Violet" Dandridge was one of the Smithsonian's first female scientific illustrators. She worked with zoologists to create drawings and paintings of specimens for exhibition and publication, and was an important early contributor of scientific research at the Smithsonian.

Maya Angelou

```
W C Y G E C X E C M L S Y T T I A N
N H S M E D A L O Q T J M O U X R M
Y R T F N Z U D R O W R L N S Z T Z
Y I K N L A E V R Z X X L W O M S Q
Y S Y X X E D Y E E L O H W U B U P
C T A T R H T R S N Q K N R T X M U
I I P F X E O R P O S U O C H H Y L
V A N L L N S B O C J W M S E D R I
I N L L J M P E N U A K I I R I J T
L F E B R L W O D K C C N N N R Z Z
R R U B K X L Z E M X B A G P E Q E
I U Z L V N H F N T D B T S C C X R
G P N H B A O R T M P R I Y F T Q U
H W I F I R V I F U Y F O C Y O P Z
T C C W E L M L J B L M N P B R N N
S C O S N D R I B D E G A C O Y N T
R G T P G P R O F E S S O R X R D Z
R J Q M B Z U Y Z B R O Y N T R A I
```

ARTS	DIRECTOR	PULITZER
CAGED BIRD	FREEDOM	SINGS
CHRISTIAN	MEDAL	SOUTHERN
CIVIL RIGHTS	NOMINATION	STORYTELLER
CORRESPONDENT	POET	WAKE FOREST
	PROFESSOR	

Renowned poet, author, and civil rights activist Maya Angelou was an incredible artistic and human force. She received numerous awards, three Grammys, the Presidential Medal of Freedom, more than 50 honorary degrees, and a Pulitzer Prize nomination.

```
E O G E L O H W K L L P P Y W V Z G
X P S A T E L L I T E I R H M J V L
E F I D M S J N A S A F O S G H T E
C A L H O P Q H T N S L G Z H Y B M
U E A N D A E V R H A Z R Z U J O O
T M S Y E C I T O A O K A R W B W T
I N T E L E S C O P E U M R S A S H
V W R T L F E X W V Y P S E L S C E
E H O V H L L E T T A P R O C X I R
Z E N O U I F K V X A V X H Q B E E
E R O J B G D B B C A W I Q X E N U
R U M O B H R K E T E E A A L Q T D
O N E H L T P C O O F Q M H R E I Y
F E R O E K R R Z I C C P M C W S E
G T S C P A Y S T R O C K E T R T Q
Y Z X V F L M A L C X Q K M H J W F
X P E T A D G W Z X H H H W G J Y O
A X R Z D N Q I Q C P N K G Q B J B
```

ASTRONOMER	MOTHER	SCIENTIST
CHIEF	NASA	SPACECRAFT
EXECUTIVE	OBSERVATORY	SPACEFLIGHT
HUBBLE	PROGRAM	TELESCOPE
MODEL	ROCKET	TENURE
	SATELLITE	

Nancy Roman, known as "the Mother of Hubble,"
was NASA's first chief astronomer. In 1962 she
started researching how it could be possible to send
astronomical instruments into space. It was this
research that led to the Hubble Space Telescope.

Gladys Mae West

```
B W E B B Y N N O L W H O L E L J A
B Q J E Q R N R V C G V G Y O C I D
R U N R B Q E J W L M X A P Q D S I
U B K A Z Z I I N A V A L R F Z L N
E C U M P H V M K U K N O O S U H W
F G E J Q C A J A N L N P G L E Z I
D V C X E L K L G T J F H R G A H D
E J Q A E Z Z H L U H G Y A Y V X D
A A S H A P E R C O Z N T M B P M I
G A M D B W O K Y E F F A M C Z Q E
G X L C H C Y U I A T F N E O M T C
I F B W F G P S C F A A A R G E F W
C B D D A T A X D L H C L M L N C C
J D V E M Y Y H T R A E Y J E N W S
E Y J S A T E L L I T E S G A W D A
C C E U H A N M G B Q M I M G A X B
O W Z A I R F O R C E O S P V E I K
E A W T X W K L V G E O D E S Y Y S
```

AIR FORCE	GEODESY	NAVAL
ANALYSIS	GPS (Global Positioning System)	PROGRAMMER
DATA		SATELLITE
DINWIDDIE	HALL OF FAME	SHAPE
EARTH	MAE	TECH
	MATH	WEBBY

Gladys West is a mathematician and computer programmer. She helped develop a geoid—a mathematical model of the earth's shape. Her work and research helped contribute to what we now know as GPS.

Nellie Bly

```
S O N M W O R L D O Q B R Q Q U I I
W W L M X J T I P Z A G U R I N N U
R E C O R D B R E A K I N G V D T R
N N W H W T I C L L T I Q E U D S Y
E W C H A R I T Y U N F N S P S I W
W W X V E O V E J V V T T N H E L U
S R E Q D T L C E M O R Z H I V A G
P F J U J F N S T R I D V O N E N Y
A D E L H E T V F A N S E B E N R G
P A O M P I L I L V N W R R A T U L
E O A T G E L I P M H G N V S Y O Q
R G P A O M S C Z C Y N E D F T J J
I B T N I T R D E A S R S T O W N U
V E M I L L C W F M B R B J G O F S
F D M Z E X P O S E W E G V G A Q I
Z J A B I E W O J R B F T A P N D F
R B S Y A D Z N R T B U V H I B I F
T R I P B Z K E R Z I A P D Q I N E
```

CHARITY   INVESTIGATE   SEVENTY-TWO

DAYS   JOURNALIST   TRIP

ELIZABETH   PHINEAS FOGG   VERNE

EXPOSÉ   NEWSPAPER   WORLD

INDUSTRIALIST   RECORD-BREAKING

INVENTOR

Nellie Bly was a journalist who reported on her race around the world in 1889. She traveled by train, horse, donkey, rickshaw, and steamship, and completed the trip in 72 days, beating her own goal of 75 days.

Sacagawea

```
J P N L F Y Y S D Z O H S C S P J B
I Y L W E S T W A R D I N Y B T D Z
U Z O R S E P T J N O D A D Z G O C
K C P B M C W G U R A A O S E U F L
Q C A N O J Q M F D L T S N R I Q A
J F O E Y Z S Y W L D S I N O D G I
W P B A G C H F T N Q A W V D E G M
H Y I Y L Z O R L L N E D Y E X D E
O C L E J K S E O I E X I T E H V D
L S I J I Y H R D Y P P S T X Q Z S
E O N L I W O O R C P E C V G Q I K
R Y G P S T N L A N Q D O T Z W Y R
G G U F O U E P G A W I V P E D F A
E X A V N M T X B C M T E L L R G L
J B L G G U P E Y L R I R A F E F C
O Q I T R W F T C L A O U R N E I F
I N T E R P R E T T O N Z T R E S N
I K M L E M H I Y K J H N W I Q D X
```

BILINGUAL — EXPLORER — LEWIS
CAPTURE — GUIDE — NATIVE
CLAIMED — HIDATSA — POMP
CLARK — EXPEDITION — SHOSHONE
DISCOVER — INTERPRET — WESTWARD
LEMHI

Sacagawea was a member of the Shoshone tribe. She successfully led the Lewis and Clark Expedition of 1805 to the Pacific US. The male members of the expedition wouldn't have survived without her expert knowledge of the land and guidance.

Mary Ware Dennett

```
C P U W A U E A C T I V I S T G V N
N F K N S C B D Q G U T K K O N A O
F H Y F A O P L X V X V O C Z I W I
V U H E F U R H B Y N J O H N Y Q T
P M E W B R N H X Z U N J F J X M A
O A D T I T E T J R C N O L A B E L
A N U C R C R D W E P R H N X R D S
R A C N T A N U P T M N X Z R W I I
R C A E H S S T Z A B H N M O F C G
E T T Q C E I F T C L N D D Y K A E
S T I E O O D I L R E V H C F I L L
T A O R N M O W Z D Y P A X B B R C
E W N G T N P H Y S I O L O G Y E X
D R R L R T Q I D D H U D N T I V D
N V M S O W A L Y T I T S A H C I U
Q F B E L Z L G P A M P H L E T E K
R A H X T C A K C O T S M O C O W Z
X N G X N Y W E C G G D P K X H D L
```

ACTIVIST

ARRESTED

BIRTH CONTROL

CHASTITY LAW

COMSTOCK ACT

CONCEPTION

COURT CASE

EDUCATION

HUMAN ACT

INFORMATION

LEGISLATION

MEDICAL REVIEW

NBCL (National Birth Control League)

PAMPHLET

PHYSIOLOGY

In 1929 Mary Dennett was arrested for violating chastity laws when she sent a sex education pamphlet through the mail to help parents talk to their children about sex. Her court case set in motion the end of this type of obscenity law in the United States. She also cofounded the National Birth Control League, the first organization of its kind.

Misty Copeland

```
L I E P T L D X M X Z G A Q T W Z E
C H G L P I O Y R A F E K T F O U M
D A N C E R P I M F C I R V B L R A
X P N Z A P I C R R C D R F Z R G N
G R F W M V H S R I L M F S W I M C
L O G R E N S B S C A E E P T C Q I
Y D J O L J W S U A S N M F B G R P
D I D R O M O P Y N S D A L Z U S A
A G J S H H L O Y A I O L B U A T T
N Y H B W S L T U M C R E P M V U E
F Q U B T O E L C E A S E B M K U Y
Z Z M W H L F I H R L E I A A J I N
E J B O E O Q G T I A P T L I B T M
G V Z B A H U H C C U K T L Q W L N
T Z E M T Z Q T J A K E B E P F N Q
J M R U R I T D O N K O A T Z P G V
M N O T E L A P I C N I R P I P C V
B G Y R B R O A D W A Y P Z Y P D Q
```

ABT
(American Ballet
Theatre)

CLASSICAL

FIRST

AFRICAN
AMERICAN

DANCER

PRINCIPAL

EMANCIPATE

PRODIGY

ENDORSE

SOLO

BALLET

FELLOWSHIP

SPOTLIGHT

BROADWAY

FEMALE

THEATRE

Misty Copeland made history when she became
the first African-American principal dancer for
the American Ballet Theatre in 2015. She is also
a writer and public speaker, and mentors aspiring
ballerinas from underrepresented communities.

```
N M C I D E B O L G N E D L O G O I
B S G F A T P G C E W F C U V S Z Q
O U C B Q O J W M W C L N J C E Z M
W P M D J N G P N R O O H A C S T U
U P A U Y Y D W S K D W R M L E V X
S O Z B R A K K A Y V E V U A N L R
I R Z F O W K E S L W R A S L A N K
N T A Z W A A A I B E D U I V P A Z
G I J A I R P T A R K R R C B A O I
E N E E O D A P N O M U A I J J U W
R G Z F Z J T M R A S M T A V S I W
S A R A N O Y A S D T S O N I S C L
X I X W N Q R A G W Q O S E J E L G
A L A C P O T G M A P N R P E R G H
T F K N L P L A Y Y K G I B D T P L
X F L E U D K Y G M K K M C L C R W
E I P E P M U U Z V F N U R L A Z H
M X C G J M G V M G L C V F U X P I
```

ACTRESS	JAPANESE	ROLE
ASIAN	JAZZ	SAYONARA
BROADWAY	MUSICIAN	SINGER
FLOWER DRUM SONG	OSCAR	SUPPORTING
GOLDEN GLOBE	OTARU	TONY AWARD
	PLAY	

Miyoshi Umeki was a Japanese-American singer and actress and the first woman of Asian decent to win an Academy Award, winning for her role in *Sayonara*. Throughout her career she also received a Golden Globe nomination and a Tony Award nomination.

Eugenie Clark

```
I  Q  T  U  A  E  H  Q  E  Y  N  P  A  K  C  R  H  Z
D  X  M  E  S  Q  S  H  S  P  S  F  T  X  K  E  Z  F
Z  C  U  K  Z  E  I  K  E  E  V  T  U  Z  U  P  N  C
O  F  I  E  S  M  P  U  N  C  D  F  C  Y  S  E  C  M
Z  S  R  S  Q  O  T  G  A  K  H  Y  G  I  H  L  C  U
D  O  A  W  K  S  S  C  P  Z  R  Y  G  S  A  L  J  Z
D  E  U  Z  N  E  I  P  A  K  O  P  B  L  R  E  K  M
E  N  Q  K  Q  S  G  O  J  H  S  Z  O  A  K  N  B  R
G  I  A  B  O  S  O  S  B  H  W  B  X  N  L  T  I  T
R  R  D  B  T  O  L  Y  X  M  Q  E  F  D  A  K  O  A
E  A  H  P  L  L  O  H  K  E  X  H  T  S  D  X  L  W
M  M  S  A  P  E  Y  H  S  D  P  A  L  X  Y  H  O  C
B  R  M  Z  B  B  H  T  C  I  P  V  P  E  I  W  G  F
U  L  L  L  B  F  T  C  K  V  F  I  G  U  Y  H  I  E
S  L  Q  Y  S  K  H  D  B  E  W  O  E  K  G  O  S  T
Q  B  T  X  L  M  C  V  I  S  K  R  E  A  S  L  T  O
W  N  N  Y  N  Z  I  X  Y  K  R  Y  R  A  D  E  U  M
A  P  Q  S  C  U  B  A  N  Y  R  E  D  S  E  A  G  S
```

AQUARIUM	ICHTHYOLOGIST	RED SEA
BEHAVIOR	ISLANDS	REPELLENT
BIOLOGIST	JAPANESE	SCUBA
DIVE	MARINE	SHARK LADY
FISH	MOSES SOLE	SUBMERGE
	MOTE	

Known as the "Shark Lady," Eugenie Clark was an
ichthyologist and shark expert. Her research changed
the way the world views sharks. She continued to dive
throughout her entire life, completing her last one
when she was 92 years old.

```
Z E K N J K J V K S X W A W Z U P P
Y E I F Z S G V O J Y A U Y J O E Q
A J Y L R P S H F B T N B Z U R K O
T H E R A P Y X O Q W I P Z Q E I I
J M N O E Z W I M O C H Z C C Z N L
R A E E T I S A R A P C G Q M R G L
I L S N A S W M J C Q F J A S Z J J
N A H G E D W H H A E D R U J A Y D
F R F U W O V J O O C T E U E X K I
E I I B O C P C E L E F E V E R M S
C A E D L N S N P M E L N I Z E M E
T H Z T L A N O I T I D A R T A C A
I S I W B C Z S S F Q V P C I U C S
O E R Y E V I Y F W S X L G P L H E
U M P W T N J A V W H E A L T H H T
S X O R I O G R F S C H I E F X O Q
G D D N S C I E N T I S T O X L E E
N L E B O N N P Z E J T I V D V N V
```

ARTEMISININ	HEALTH	PRIZE
CHIEF	INFECTIOUS	SCIENTIST
CHINA	MALARIA	THERAPY
DISEASE	NOBEL	TRADITIONAL
FEVER	PARASITE	WORMWOOD
	PEKING	

Tu Youyou is chief scientist of the China Academy of Traditional Chinese Medicine. She was awarded the Nobel Prize in Physiology or Medicine in 2015 for her discovery of malaria-fighting drugs.

Alicia Alonso

```
A B E P F J I K S G X V I S S B C P
W C I H L Q J L J B F G D E T K X Y
L H C J V C E L L E S I G W W C W N
I P B G W A P R I M A K S C N D U A
B A A N D R T A E T D T C I H A F M
D R L P P M U Z L I U S A C S N W T
P G L Y V E B R R D Y X O T V C U D
M O E G A N Z E E K L M A T A E L V
K E T V V K C N U H P R F Z S R I B
Y R Q R C T T C B A E L E U S Q V W
U O L N O P Y S N V O R Q Y O P K P
O H I R J O I Y D A O X J Q L S S P
W C G U I D E S L N X X I R U L L F
H T O L A H U F B A R B T Y T H X Y
O A V D P M P T H E A T E R A B Q E
L K V S B G C U B A N H W I A B S K
E L Q K Y J S T H G I L H U Q V D Z
F G E D N Y W S K G L Q Z X D F X Z
```

ASSOLUTA	CUBAN	LIGHTS
BALLET	DANCER	PRIMA
CARMEN	DIRECTOR	STAR
CHOREOGRAPH	GISELLE	STUDENT
COMPANY	GUIDE	THEATER
	HAVANA	

Alicia Alonso was a Cuban ballerina who was named principal dancer of the American Ballet Theatre in 1946 when she danced in *Giselle*. She returned to Havana in 1948 to start her own company, the Alicia Alonso Ballet Company.

Dr. Harriet Richardson Searle

```
I  J  R  G  O  M  Q  P  Q  C  H  P  X  Y  N  V  Z  T
L  S  D  J  U  H  P  U  T  N  H  H  I  R  L  Z  H  T
L  V  O  A  D  J  F  B  J  P  P  X  F  W  S  E  A  S
P  T  C  P  N  N  I  L  T  U  A  W  N  J  R  W  O  I
M  F  T  Y  O  K  G  I  Y  V  R  I  R  M  S  T  T  G
L  I  O  X  I  D  Q  C  T  T  G  P  A  A  B  O  S  O
A  R  R  K  T  C  N  A  U  U  O  L  T  F  J  M  K  L
I  S  A  G  A  O  X  T  T  A  N  A  I  D  I  V  Q  O
R  T  T  H  T  L  P  I  P  V  O  Y  N  T  R  T  K  N
T  L  E  I  R  L  L  O  I  H  M  S  H  P  M  S  R  I
S  A  T  Z  E  E  D  N  K  H  Z  S  T  A  A  W  W  C
E  D  V  E  S  C  Q  Y  A  Z  O  C  R  G  L  H  W  R
R  Y  A  R  S  T  I  D  V  N  Q  I  O  H  O  N  E  A
R  F  S  O  I  I  R  O  I  Q  N  W  Z  L  F  T  G  C
E  A  S  T  D  O  I  A  W  E  E  O  E  G  H  E  O  U
T  I  A  U  B  N  N  W  J  D  X  T  K  W  Z  S  T  L
G  E  R  W  N  Z  X  N  T  Q  M  U  E  S  U  M  G  L
B  K  F  R  E  S  H  W  A  T  E  R  E  Z  H  Y  V  N
```

CARCINOLOGIST	FRESHWATER	SMITHSONIAN
COLLECTION	ISOPOD	TANAID
DISSERTATION	MARINE	TERRESTRIAL
DOCTORATE	MONOGRAPH	THERMAL
FIRST LADY	MUSEUM	VASSAR
	PUBLICATION	

Harriet Richardson Searle was known as the "First Lady of Isopods," and one of the earliest female carcinologists— scientists who study crustaceans. Her career at the Smithsonian spanned more than twenty years with 80 publications, and fourteen species have been named for her.

Maria Martinez

```
S D N V E S S E L F L Y A U B Q D V
E V Q U N C D A Q A K O R D X V P O
L B N T E W A X P P F V S G U O J R
F A H E R T T C U O A X L R L J W E
T R F L Q D B B E T S P I I C T S Z
A T X E G J F X B T G C S A N R J W
U D K G O W B R L E S H V F B G T Y
G E B A C T U H O R E L D S W V D A
H C Q N I Z R L R W G J V D H Q Z Z
T O S T X F O R M M E G J L O L T A
H O T P E R R A K I O W A R L H N L
T Y Y U M M R H U G M E J O E C L H
G H L P W N F F G V E Q L W I X U E
Z A I C E H S N S H T L N E E E C X
U Z Z J N H Y O A J R L N O J E F G
K G E M O N T O Y A I T G F R A O Y
L A D H N C P U I D C T E S U M A A
U S A X N P O L Y C H R O M E X V P
```

ANCIENT	MONTOYA	SELF-TAUGHT
ART DECO	NEW MEXICO	STYLIZED
ELEGANT	POLISH	TEWA
FORM	POLYCHROME	VESSEL
GEOMETRIC	POTTER	WORLD'S FAIR
	PUEBLO	

Credited with revitalizing a moribund pottery tradition, artist Maria Martinez was known for her elegant and polished pottery vessels. She learned to make pottery as a young Tewa Indian and taught three younger generations of her family the same traditions.

Alice Cunningham Fletcher

```
Y Q W R G J A K U P H B W I L U R P
W K F S T U D I E D W L G M L Z U X
T S I G O L O P O R H T N A W E L S
M N O I T A V R E S E R W G Z W A I
E E A O F F I E L D W O R K N Z N O
E Y Z E R O G W C S K W N X O E D U
L T T V K P S Z K P M A T U Y O X
F K H W H Z D A W E S I T Z D X N P
M C T N Q O T N J N K K I Q A A I C
K W H D O C U L T U R E V Q G Q B E
P N O T T L D A C T E E E E N X L L
L E X H I D O F N N B I N N S O M B
I G A S B X R G V J I T N K H W Z T
M I U B D R X W Y S R I W W V Y A H
N E O C O R L F N Q T X A E U H Q K
W M J R D D N Y L K O O R B A U E W
U T V B R A Y Z M I W O K J O J S L
T Z J B X U F A I Q O U E U G R P Y
```

ACT   DAWES   PEABODY
AGENT   ETHNOLOGY   RESERVATION
ANTHROPOLOGIST   FIELDWORK   SIOUX
BROOKLYN   LAND   STUDIED
CULTURE   MIWOK   TRIBE
NATIVE

Alice Cunningham Fletcher was one of the first female ethnologists to conduct fieldwork among the Omaha, Nez Perce, Winnebago, and Sioux Indian tribes. She worked with the Peabody Museum of Harvard, the Bureau of American Ethnology, and the Bureau of Indian Affairs. In 1905 she became the first woman president of the American Folklore Society.

Mary Fields

```
B O G Q G C V C R J L A E S R U V N
C Z I W S F X R E Q W C P Y H R C Z
T B U Q M I S E V C O N V E N T V X
K V S T A G E C O A C H X F W G R B
C A R R I E R I L P Q K I C C J R B
O L D W E S T F V K E Z Z P X H B G
S T E M P E R F E D I S E B A S G R
I G Q E X Q S O R E X T R D A T E A
X H B B X H U T J T D A O I M E V A
F E A R L E S S Q A T R J Y Q A O J
W S X S L W M O W P B R W H W M R A
M P C P H X A P E I A O K B I B P S
D Y I O Y Y I E A C N U L T D O B Y
V M L V I Z L J T N D T K Z C A P B
G E X F Z R M J H A I E F R R T R M
E S E V L O W M E M T T A G W F L W
Z G Z M Y R M X R E S N V X N F N E
G J F A I R I F L E K Q A F T R V D
```

BANDITS	MAIL	STAR ROUTE
CARRIER	OLD WEST	STEAMBOAT
CONVENT	POST OFFICE	TEMPER
EMANCIPATED	REVOLVER	WEATHER
FEARLESS	RIFLE	WOLVES
	STAGECOACH	

In 1895, Mary Fields became the second woman—and first African-American woman—to carry mail for the United States Post Office Department. She was a force to be reckoned with and was known to have once fought off a pack of wolves.

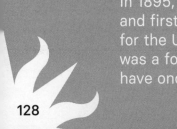

Ella Fitzgerald

```
B Q T M X C L R Z G F R G K J G R Y
A H E F A X S P A U X C X Z R H R Z
L X G S J X T V X B S C H A R T E E
L W V F R N F V H K G M M L L L G R
A H L E C E H D M T M O U K O J O
D O L N C O V I T T Y R S B D X X T
W L E O E V C I K O Y B O Q Z A B S
I E S T R T J E D D A T B J F A T C
S W N U I V A A N D O H A B B M C G
O H Q O I J Z F I R S T L A D Y R H
N T N F W Z Z M R O X G L G K Q O A
G A A U D I E N C E E W O N I U R C
F P U U R H O R N M U U C I M E H W
I V M P N V Y Z P O W F K M M F N E
P I W T N G A U V K L T B I G E X A
U G R A N G E V J B T R A T A U M I
V Q D E R U P V P E Q J J K H I W J
I U W Q T U T U T H I T S Q E M Z Z
```

AUDIENCE	FIRST LADY	RANGE
BALLAD	GRAMMY	SONG
COLLAB	HITS	SULTRY
DICTION	HORN	TIMING
DIVERSE	JAZZ	TONE
	PURE	

Ella Fitzgerald was one of the greatest American singers of all time, having succeeded in the male-dominated world of jazz. She's the winner of many awards, including 14 Grammys and the Presidential Medal of Freedom.

Misty Dawn Lakota

```
U Z B G H I G D E O G L A L A L H N
I E O E A T B B A W Y I K B S I D M
J K P R A K A B E C I L O P Y R R M
C Z T G U O I G C Y C A W O A Z M O
Y H R R O D C E E C L D U E G J G
F Q I N I E F T I N I U G C W G W R
W L Q E M B A O R T T L E U A Z X L
F I F C F E E T T E A S G N R K A S
G P L Z Z I U K P N C S Z M R S E T
P X V D L F D G O L C I A F A R O P
V P V F L H Z I S E A L F E N O Z U
T A W P M I T E R V E I L F T L K R
Z A Y M W A F R R R N A N O O C Y I
H D F Z N E T E X E W R J S R H L M
W U B W W O H L E S D Y N U V C T N
C A R M Y R E S E R V E S J W B Y R
V L G F G X Y Z R E I D L O S Z Z D
I M P I N D I A N A F F A I R S P Z
```

AGENT

AKICITAS

ARMY RESERVES

CHIEF

GREAT PLAINS

INDIAN AFFAIRS

LAW

NATIONAL GUARD

OFFICER

OGLALA

POLICE

SERVE

SOLDIER

TRIBE

WARRANT

WILDLIFE

Chief Warrant Officer of the US Army Reserves, Misty Dawn Lakota is a member of the Oglala Lakota Nation. She is highly inspirational as a Native female serving in the military. Her Lakota name, Iglág Ťhokáhe Wiŋ, means "Woman Moves Camp First."

Kate Warne

```
N U I C D V U K A N S R A Q F N S U
M K H P F E G N D S M C O U M Y W I
O X O R S W Z C D Y S W M N P J D G
M A G E N C Y T B Q Q A U H P S D L
P D T C D B C K N I U L S N E B A U
P I N K E R T O N P C N I S Y M G U
K Y C T Z J B A L I A S R Y I C B N
C E V S E C E S S I O N I S T N I D
O L H S H L L V Z W D A H S Q O X E
V R A D V E R T I S E M E N T F L R
E A C D M V D Z Z Y T N B I S F I C
R B B A L T I M O R E F U J H I N O
T M A P F T I Y W S C U T O W C C V
C I P X X O I K B A T D P T L E O E
M B Z I H E S V S S I A G A G R L R
E Y Q Z F C A P G L V M H I G C N O
I Y R R E H C G Q T E A P L O T N K
J U G E Y Y H I X D S I Y V V C F M
```

ADVERTISEMENT	BARLEY	OFFICER
AGENCY	CHERRY	PINKERTON
ALIAS	COVERT	PLOT
ASSASSIN	DETECTIVE	SECESSIONIST
BALTIMORE	LAW	UNDERCOVER
	LINCOLN	

Kate Warne was America's first female detective. In 1861, the Pinkerton agent, disguised as Abraham Lincoln's sister and caregiver, safely escorted him to Baltimore after learning of an assassination plot against him.

Maya Lin

```
Z G L R T O E F B G Q G M P D Y C Z
E Z N E U G N S A C T I V I T Y G N
E E F V R N I G L N U Y Z Q M N Y A
A M R K X D N A L V A F P H C E D T
L Q M A R B L E M B T L C B E M D U
D S A R C H I T E C T U R E N W R R
R E F A T I Y Q S Y Z M O T G X A E
E V N U X E A T J Z S E U A V P R W
T C H E S A P E A K E M B K R H O E
V I C I E T A L E R E O U S E P M H
L U M Z D E S I G N E R W C S Q V N
Q O U E E X P L O R E Y A U I W B F
O D N A D J K L X X J J B L L W F X
H N B B W H A C Y H M V O P I Y J S
F R A G I L I T Y G Z O N T E U C Q
I N S T A L L A T I O N Q O N S W B
A T J P F Y R W Z B M Q C R T A E W
N C W Y S M W C L A P J L S F Z G Y
```

ACTIVITY	EXPLORE	NATURE
ARCHITECTURE	FRAGILITY	RELATE
BAY	INSTALLATION	RESILIENT
CHESAPEAKE	LAND	SCULPTOR
DESIGNER	MARBLE	TIME
	MEMORY	

While still an undergraduate, artist Maya Lin won the 1981 competition to design a Vietnam Veterans Memorial on the National Mall. In this and in most of her work, she highlights relationships between the natural and the built environment.

Lisa Jaster

```
O R A D L H C O U R P P M T P T V T
P A C D I S P L A Y O M A J O R Q A
W N M O T H E R O Z Q O U B N F A R
Q G Y G Y Q N F B D P B V I C R C M
Y E I P E R S E V E R E O H M M W Y
L R N R P E V A O H A T U V N I L A
Y T G E W Y G C H Z J C N N O L F H
N Y G E E G Z A E C P I I R R I L C
U D F N T Y E R L C Q I F G Z T K L
C X G I U S J Q O F R C O R P A A C
M G B G S P S U F V U B R A Q R E F
G U R N D C R O A K W O M D Q Y Y S
V G A E Y S C P L Q S Q M U J D I G
G M V C E R W E J D E M Y A Y M E U
W X E E V R E S E R I K G T C D O A
K P R A Z X T Z J P S E B E Z D I F
Y W Y O H J Y J X S B I R O A H W Y
T O U G H G O A W I J C K R K X Z L
```

ARMY	ENGINEER	RANGER
BRAVERY	GRADUATE	RESERVE
CAMOUFLAGE	MAJOR	SOLDIER
COURSE	MILITARY	TOUGH
DISPLAY	MOTHER	UNIFORM
	PERSEVERE	

Part of the first Army Ranger School class that allowed women, Lisa Jaster made history as the first female to graduate. She is a US Army Reserve lieutenant colonel and engineer, and a symbol of bravery and perseverance.

Alice Coachman

```
T E C H N I Q U E R P J V S X M B W
K E M A F F O L L A H V X Q F V W C
O W E C R V C V G B I Y J O V U O Q
N L E S B L A C K A T H L E T E Y X
P V Y S S P D S D R R Q M B Z I P X
C M N M T H Q Z J Y R K O A Z Y Q Y
K A G T P E S U N B N N N R K L B Q
L Y U R W I R T U S K E G E E C R Z
O L M A P H C N Y Q M D Q F T B R X
B O J C D U V G R L H J O O Q T I S
R Z Y K Q I X D R O E F Z O H W T L
A L B A N Y K L M G L V F T Z R J Q
N Z D K F I E L D H X L O F A H Q P
J G I I I K T I J V K G Y I F J S S
O H I G H J U M P B O I G Z H J D H
B T W N Q M O D W L L H T L B V N J
P V M X D F V C D I T M P D O G O W
J O O N K E Y D H M E D A L B Q O B
```

ALBANY	HALL OF FAME	STYLE
BAREFOOT	HIGH JUMP	TECHNIQUE
BLACK ATHLETE	MEDAL	TRACK
FIELD	OLYMPIC	TUSKEGEE
GOLD	STRAIGHT	WESTERN ROLL

At the 1948 Olympics, high jumper Alice Coachman became the first African-American woman to win a gold medal. She was also the only American woman to win a gold medal at those Olympics.

```
Q N T A S Q A L I L W N Z W Q J M H
B T R R D C E Q P Z B O I H U J E I
I M A R X I X W A G O N M T D N L Q
T T I E S V E W R K U V P D H G J F
V O T S Z I C H C X E I R R J G M M
L G O T N R U J H L D O I I W L I B
S U R N S S T C M U K L S D M G E E
T C S E G B I E A N Z E O E S C M D
Q H Y U F S O F N Z W N N R Q A V F
D U S C D K N F Y S O T E L R Y F V
E N T G L Q K B T G A W D C D H R H
F T E D L T K W U K Q M H O Y H E Y
B E M D C L K T K U F K D Q L D E W
C D I E N X A F O O L A G U O T D G
F Q C W C E R Q B I Q S N L D M O T
D T E C A R J S V S I T I N W S M V
A P Y Y C T S Q B Q F L R B N E J N
I T U J E H T B T Z J S N C C O S G
```

ARREST	MARCH	SNCC
EXECUTION	NONVIOLENT	(Student Non-Violent Coordinating Committee)
FREEDOM	PARCHMAN	
HUNTED	RACE	SYSTEMIC
IMPRISONED	RIDER	TOUGALOO
KKK	SIT-IN	TRAITOR

Joan Trumpauer Mulholland is a civil rights activist who was one of the 1961 Freedom Riders arrested and held under maximum security at the Mississippi State Penitentiary. She later took part in a lunchroom sit-in in Jackson, Mississippi, and in Martin Luther King's 1963 March on Washington.

Theresa Secord

```
K G U K F I X W T W D K O Y S E C Z
N Y G E O L O G I S T M K Q X Z O Z
W T A X V S F R T K A R T I S T F X
W E H R S N W N Z S O K R Y Y B O E
N A A B H J R T P W J G S N M R U O
H Q B V A X H V R P Y C W A H O N T
V Z Z A E R R F E R T S E T Q W D U
J Z Q D N R H A S J Y L E I E N T C
O H P I C A M A E Q V B T O U A O T
G L E R K Q K W R O P O G N K S W S
X N N E M I P I V B Z I R V R H D I
W N O C A N H N E A O R A T T A E V
R J B T K V F J J X S R S E S J M I
G H S O E D V J S N M K S K C Q Z T
J S C R R X E R C X I N G S Q U T C
H H O N Z Q T Z Y N B O V A H W P A
K M T C W P Z P S S A P O B J R D Q
M F G K T W S G E G X C X Y L K S F
```

ACTIVIST	COFOUND	PENOBSCOT
ARTIST	DIRECTOR	PRESERVE
BAR HARBOR	GEOLOGIST	SWEETGRASS
BASKET	MAKER	WABANAKI
BROWN ASH	MIBA	WEAVER
	NATION	

Theresa Secord is a member of the Penobscot nation and a basketmaker, geologist, and activist. She founded the Maine Indian Basketmakers Alliance in 1993 as a way to preserve Wabanaki culture and language.

Ida Van Smith

```
C B L A C K W I N G S K S O A E E T
J B J P G N D X M A Z E Q N J Q R A
W J C L F X X A Q U O S M Y A L V
U R O T C U R T S N I S D D I J E I
B E N N Q U E E N S E T N N M W W A
O P I L O T Q A M C X R I X V A S T
Y F M H A N Q L M X X N N U P I L I
Z I W K N N B C S W G S J G L D G O
Y Q B M C O U R S E O W S J G R C N
I M I N O R I T Y O H W J J F A L K
V X O S N Z Y A T C M S R K O U U J
A R K E C A P S D N A R I A Z G B K
S E J Y H W C A V W G A X K G A G L
H T L O O H C S C I L B U P J L A H
A T V Q R H R L E Z J T N C I I V U
W B P W S C A B L E S H O W U I A L
C L V O I K G R O T A L U M I S L K
I C O M M E R C I A L T R Y K G G H
```

AIR AND SPACE	COMMERCIAL	PUBLIC SCHOOL
AVIATION	COURSE	QUEENS
BLACK WINGS	INSTRUCTOR	SHAW
CABLE SHOW	LAGUARDIA	SIMULATOR
CESSNA	MINORITY	TRAIN
CLUB	PILOT	

In 1967, Ida Van Smith, an African-American pilot and flight instructor, founded a series of flight training clubs for minority children to encourage their involvement in aviation and aerospace sciences.

Stephanie D. Wilson

```
M B T X L K L O P S F H H W X X I O
Q I E J W H O L E U U K X M Y E V T
U B N M C V Z E R O L M M Q J A P W
J Y M O A S T R O N A U T I C S A E
D S Z O S V J H A R V A R D Z M E H
J B S N C H G Y B P T D Q M C A R T
Q R U I A C B K Y R S G I R K Q O H
M Q G A M D M I P O A E Q L Y Z S X
I Y F V S E D W Y P H E C W J F P M
S W V H R A T F J U V F D O W H A I
S W A N H W N R E L O V J V N H C U
I Z I F T G P F A S H R Q S E D E Y
O F E M K B C K J I W X B C D I J D
N J K D V T A E P O M Q D I P Y O P
Z Q I L R C T L R N B S D O T H W P
E J S P A C E W A L K J C E F L G Y
I Q Y T J X M A S T R O N A U T Z D
O P Z O H F M Q A I S S H R L C X K
```

AEROSPACE	ISS	ORBIT
ARTEMIS	JET	POC
ASTRONAUT	LAB	PROPULSION
ASTRONAUTICS	MISSION	SECOND
HARVARD	MOON	SPACEWALK
	NASA	

In 1996, Stephanie D. Wilson became the second Black woman in space, flying on three Space Shuttle missions to the International Space Station and spending 42 days in orbit. She's now NASA's most senior, most flown-in-space African-American female astronaut.

Clara Barton

```
U H Z X C C I W P G H P N J P T D V
N T A I E H M J S R T D Q C E K E A
I P Z L F W H O L E Q I A D Q V T R
V R A G L O E D U C A T O R S X O E
E E F T G O S O C V B X Q I J F U D
R S E Q E B F L K C S X R Z R Q R C
S I H L S N A F L Z S I P K A L N R
A D R U R R T T A G Y X R J M A F O
L E N G I L M D I M U F R C E T A S
I N X S L N U R S E E J S C R I V S
S T S Q G J N A E Y Q L Y X I P P B
T A P U B L I C H E A L T H C S J E
G I Y F B V I W C A R T S F A O D C
P H Z E R O L Y C Y L C V J N H S L
Y K X F Q T O H Y G J L R O P C I E
K V P Z P I T S I V I T C A U P E R
J Z D N S U F F R A G E O V M Y Y K
U I N H R K L R E D N U O F L V M G
```

ACTIVIST	FOUNDER	PUBLIC HEALTH
AMERICAN	HALL OF FAME	RED CROSS
CLARISSA	HOSPITAL	SUFFRAGE
CLERK	NURSE	TOUR
EDUCATOR	PATENT	UNIVERSALIST
	PRESIDENT	

In 1881, Clara Barton, a nurse from Massachusetts, founded the American Red Cross. The next month, the agency was officially incorporated in Washington, DC, and she led it for the next twenty-three years.

Otellie Pasiyava Loloma

```
I  I  P  H  E  A  J  E  W  E  L  R  Y  W  X  O  N  R
A  E  O  K  L  G  K  L  S  Q  P  B  Y  X  V  A  W  M
H  R  T  L  K  L  U  O  R  Z  I  O  G  X  I  B  I  W
C  T  T  R  R  U  P  H  N  A  A  X  G  D  D  Z  D  D
R  R  E  I  C  P  E  W  Z  H  P  O  N  H  E  M  V  A
A  A  R  B  S  R  R  B  F  O  J  I  N  W  S  N  V  N
F  D  Y  U  Y  T  F  P  E  I  N  O  I  A  I  G  F  C
T  I  S  N  P  H  O  B  F  A  G  L  S  K  G  F  V  E
S  T  N  E  B  Q  R  U  C  J  W  Y  T  K  N  J  E  X
M  I  V  R  C  H  M  I  X  X  S  M  U  Q  Q  J  I  L
A  O  R  G  V  O  R  Z  P  E  X  P  D  M  O  O  Z  F
N  N  L  I  E  N  A  V  R  T  I  E  K  R  D  K  A
O  A  L  P  M  A  I  D  N  C  O  C  N  G  E  S  K  M
U  L  N  A  Y  F  I  H  M  X  O  S  T  C  Z  T  B  T
I  W  K  K  R  V  O  A  S  E  P  D  S  B  C  C  Y  W
G  Z  P  A  G  P  X  D  H  M  S  Z  P  G  T  W  P  B
Q  E  O  O  I  M  U  S  E  U  M  A  K  H  A  T  W  U
X  O  H  G  A  C  L  A  Y  I  A  R  K  Z  G  E  B  F
```

AMERICAN INDIAN
ARTIST
CLAY
CRAFTSMAN
DANCE
DESIGN
HOPI
IAIA
JEWELRY
MUSEUM
OLYMPICS
PERFORM
POTTERY
SECOND MESA
STUDENTS
TRADITIONAL

Ceramicist Otellie Pasiyava Loloma, a member of the Hopi nation, was one of the first faculty members at the Institute of American Indian Arts in Santa Fe, New Mexico, where she taught ceramics and painting for 26 years.

Jessie Benton Frémont

No. 139

```
A P W R I T E R W Z G O R E Z Q T P
X R A E S H C T E K S W H O L E X R
R K M E X P E D I T I O N X A G K F
W E E Y T Q Z P W N N U Y B R C A T
I X D R P O U J P O L I T I C S F Q
J Z I P Z O O A O H D O A Z O Y F L
M H U D B D S F I V R V M H J X E Y
J G G L A V F T W D F U I M D R P N
K A H K J I C U V P E N L L D B F E
R C O T C P O D K V J Y X T Y N K K
O T J I A N T I S L A V E R Y A A O
S C A I E Z Y T O I R E P O R T Z P
I L J U H K Y L T U K M G I G E Q S
V Y V A M E R I C A N W E S T T H T
D T K Q F C O U C W E A M R S D N U
A N M U A O N W N F R A Z B J J X O
V L Q I X P E R I O D I C A L S P A
B O O K S S H O R T S T O R Y Q M G
```

ADVISOR

AIDE

AMERICAN WEST

ANTISLAVERY

ARMY POST

BOOKS

EXPEDITION

GUIDE

OFFICIAL

OUTSPOKEN

PERIODICALS

POLITICS

REPORT

SHORT STORY

SKETCH

WRITER

Jessie Benton Frémont was an abolitionist, political activist, and writer. She was able to sell stories she wrote, often about her life in the American West, to contribute to her family during financially hard times. She was the supportive wife of John C. Fremont, the first Republican nominee for president, and modernized what it meant to be a political spouse.

Sarah Winnemucca

```
P G G I B Q Z E T A D J U L Z U Z Q
Z A U P N R E N A U T H O R V C L E
A E I I Q J R O M S C B I O R W U V
P I Y U D N O T K A B C N I F C S S
E A V M T E I E N Y T A T K Z P H A
J I D M U E D M F P L I E U U G E C
T C U S F O R C E S Q B R N U M L T
P R O T E C T O V U A O P X H C L I
P T L B P A R T E P Z U R I L M F V
H U M B O L D T L A K E E V Y R L I
U E J F L O P E C V E C T U U R O S
H P H J I N T E R N E D E U X K W T
E Z Q T E A C H E R O V R I M C E S
I U Z N A C I R E M A O L G N A R T
F D T M V N L Z S Z M A P J K X N X
I W V N G R E G N E S S E M Y R J S
Y I L B I D F N N O S L F O K M K A
I T W H O L E V I W J M V C V P Q X
```

ACTIVIST	HUMBOLDT LAKE	PROTECT
ANGLO AMERICAN	INTERNED	SHELL FLOWER
AUTHOR	INTERPRETER	TEACHER
CRITIQUE	LOBBY	TOCMETONE
GUIDE	MESSENGER	US FORCES
	PAIUTE	

Sarah Winnemucca, a Northern Paiute author, was an interpreter for the US Army and the first Native American woman to write a book highlighting the adversity of her people. Her autobiography, *Life Among the Paiutes*, voices a thoughtful critique of Anglo-American culture.

```
V D N S M I T H S O N I A N W P G G
M J W H P N P J L W D Y T C A H L N
W R P R G G S T I S O P E D K H Y B
P E S B H Q I P A T U F T S J Z P D
M W E G Y T Z C C O A U U E G A V J
K C O R N O O M E P N U X Q O Y T S
O A S T R O P H Y S I C A L G R Q T
M E T E O R I T E S H O D O R A A E
G Z M X C Y K U U Y U E L O V T C A
E H G T O K P W Z J L A E L P E I M
M J T X O W H O L E R I O T A N T C
F A X U S Q Z L G E F R L W C A C N
R X Y W H L X T N Y E E A O S L R F
M C R W Z D D I D L D R Z V A P A Q
A L W U B X M Z S Q D T Z E R P T K
L Z O B S E R V A T O R Y V R Y N R
Q L U N A R B L U W U G R Q J O A U
G E O L O G I S T H W N W Q K K J Z
```

ANTARCTICA

ICE SHEET

PLANETARY

ASTRO-PHYSICAL

LUNAR

SMITHSONIAN

AWARD

METEORITE

TEAM

DEPOSITS

MINERALOGY

TUFTS

GEOLOGIST

OBSERVATORY

MOON ROCK

ORE

Dr. Ursula Marvin earned a PhD in geology at Harvard in 1969 while working as a researcher at the Smithsonian Astrophysical Observatory. On an expedition to Antarctica, she was an analyst of the first known meteorite from the moon.

Lozen

```
O F T F A V M X K K B V W E G X X Z
F U G L J V T U F U J V I S K L J E
Q Y F J B V O U R P D L Q F W O J R
Q R K E A P A C H E R B Y S M G Y O
S A O S U U X K Y M X O W M U W O X
W I Q R R I D E G T L X P T A P V L
S R F O H W C F Z O E B R H R R R A
Z L M H F T R A I L M E V A E T Q U
S P K T C H I B L Z S L Y D L T U S
A G E R O N I M O E D E T S F F I C
Q B B Q V R S I D M R I O U I C Z H
D Z A Q S T O W M I J A S P G S L I
V T T D Y V H I Z O C S H F H J S H
U Y T H X O I Z R W X N A L T I H E
K J L R L F J L H R X J M D G C O N
U H E E A Q P I C I A X A U M W O N
I E J S L W B T H B Z W N E N Q T E
W U C H I R I C A H U A S T K U B B
```

APACHE	FIGHT	SHAMAN
BATTLE	GERONIMO	SHOOT
CHIHENNE	HORSE	TRAIL
CHIRICAHUA	PRAYER	WAR
DESERT	PROPHET	WARRIOR
	RIDE	

Lozen was a Chiricahua Apache warrior and prophet who fought in the final days of the Apache Wars of the 1880s. She was described by her chief as "braver than most, and cunning in strategy."

Louise Thaden

```
L N M H V J D F O K P H K G X R O P
A A R K A N S A S R E J N T O C A J
Q I A I R M A R K E L J I F W X E G
W A R F Z W R J O C O J N L E B K D
J Y T D S I S S Q O H P E J V H P W
T S A L E S R E P R W X T J I F D P
O P U Q Z R O S U D Q V Y Z T U M A
F E S F S N B F T U S L N E I M Q V
U D I I H H Y Y C V I B I R T M E I
I T R E R J W H I G E S N O E R U A
T Z I L M Y P Y H N P I E Z P I X T
B Z C D S E F T D H J U S R M N P O
D H H R N I P I B I J I D G O Z L R
M N E E J L X U Y Q L D P E C W G M
V K F P A N Y H I G H W I D E W D P
W T A N B M W S P X R A C E Y Y T V
T F E O Q B Q S J G T R O P H Y Q A
Q P I L O T L E S S O N S W M U U O
```

AIR DERBY	COMPETITIVE	PILOT LESSONS
AIR MARK	FIELD REP	RACE
ARKANSAS	HIGH WIDE	RECORD
AVIATOR	IRIS	SALES REP
BENDIX	LIGHT PLANE	TROPHY
	NINETY-NINES	

Louise Thaden distinguished herself as a pilot who set several speed and endurance records during the early years of aviation. She was also a founder and charter member of the Ninety-Nines, the International Organization of Women Pilots.

Dr. Sarah Loguen Fraser

```
L B W Z M I D W I F E I Z C A A A A
A V L N H I Z B A B Y L S F G N E P
G G Z A T P K K L Z E R O K H I T N
M P C W C B Q T R A D I T I O N A M
Q T J I O K E S U C A R Y S C F R E
Z U F R T I D G U U S T N S O U G D
Y F N N K J Q O B R P U D N D O E I
W E S T A F R I C A N Z D O S B T C
J J P O Y C I Y Y T J Y R G S S N I
E W R P A K I W F K O U N E I T I N
D L A I R W A N H G B R Q L M E G E
E L C M N R X Q I D E Q W O Y T A T
L H T J F W V B Z M G B L H V R J K
I W I H M U V J O T O K E W G I V N
V B C T F I Y L H J C D C L V C U I
E P E D I A T R I C I A N F P S B T
R F L D Y A E I Y P L T E T V Y Q I
W I U E T J E D Z A R Q M L J O O N
```

BABY	KNIT	SYRACUSE
BLACK DOCTOR	MEDICINE	TRADITION
DELIVER	MIDWIFE	WEST AFRICAN
DOMINICAN	OBSTETRICS	YARN
INTEGRATE	PEDIATRICIAN	MISS DOC
	PRACTICE	

In 1876, Dr. Sarah Fraser became the fourth African-American female doctor in the United States. She was one of the first female doctors to specialize in obstetrics and pediatrics and was a mentor to Black midwives throughout her career.

```
W H O L E Y L V D F N T Y O N U C J
E S U F F R A G I S T I E M C G Q E
H P C E P Y W A S E V C N N F G Q R
S O O L P H S E C I M K J H U U V L
P R N E O R C W R K J E T E A B F S
R W G C A Q H Q I T J T B L M B Y F
I H R T T P O P M R R C R R W O X E
N C E I T I O Z I D K I Z Q O E Y M
C Z S O O Z L B N M G T D U R D S A
I D S N R Y Q N A H B S V K L Z Y L
P Q O F N S J M T S S A N W D M R E
A Y X A E S E S I P A E N H P O A B
L S K M Y M P E O W R Q P G E Y C A
W P Z C I A K N N Q P A Y G A P U L
R E S T R I C T I O N Z U E C T S L
U E X T V D C L U G W U F U E T E O
J K Y Y V S T E M P E R A N C E A T
Z E R O N O I T I T E P V H I T Y I
```

ATTORNEY	FEMALE BALLOT	SUFFRAGIST
CONGRESS	LAW SCHOOL	SYRACUSE
DISCRIMINATION	PAY GAP	TEMPERANCE
ELECTION	PETITION	TICKET
EQUAL RIGHTS PARTY	PRINCIPAL	WORLD PEACE
	RESTRICTION	

Belva Lockwood was an attorney who successfully petitioned Congress to allow her to practice before the Supreme Court. She was also the first woman to appear on an official ballot in the United States when she ran for president in 1884.

Gladys Tantaquidgeon

```
L U L A E O U L B T E E Z O Q C N U
Y C O X S M O H E G A N Q K A C R C
L I T H X F J H S M B X H Y X U E O
F W I N A N C L S E N G U N T X S V
N A P E R A W X P D T G Z I R K O X
V M A I K T M W Y I A R L N I E U L
Z P C B N U D O L C U V O D B E R W
B A E D O R Y N X I M X B I A P C T
E N T L W A O K R N A M B G L E E B
M O A P L L M S P E O R I E G R V R
R A T C E D E L A W A R E N U L T G
N G S X D T M Y S O H T D O E A A O
Y U H X G B S Y L M J O Z U J B V Z
M L Z W E A M J I A M G L S X R Z H
N R Z R M M I P D N C Q E E I E E B
P U U F A X I F J E Q M I P M H R P
E T H N O B O T A N I C A L R N O E
M N A N T I C O K E H D L R P I H W
```

CAYUGA	KNOWLEDGE	NATURAL
DELAWARE	LOBBIED	RESOURCE
ETHNOBOTANICAL	MEDICINE WOMAN	STATE CAPITOL
HERBAL	MOHEGAN	TRIBAL
INDIGENOUS	NANTICOKE	WAMPANOAG
KEEPER		

A Mohegan medicine woman and tribal council member, Gladys Tantaquidgeon brought her Indigenous worldview to her healing practices in the early 1920s. She is known for preserving tribal language and Mohegan customs. She lived to be 106 years old.

```
S B Z A F I R S T W O M A N B T S D
I B A J I H W V D C F D O S J U O J
O K E Z Q F I Q T Z R E F O R M C F
G L F V N H S V I C T O R Y O K I L
E U E E I Y X K N H N V I W A O A T
L O L G U S J D P R A U Q A O R L C
E S P P I N S A H M W Z K K V E W A
C P A Y W S J E E W S H N P K Z O M
T T T E H X L L R E A I N A C Z R P
E B H M O N P A S G N L C C O E K A
D L B Q L D W M T E O E X I N S P I
M C R C E G K B T U N R N F G U O G
R U E K V Y I E U N R N P I R O G N
K Q A V K R E P Q Y E E Q S E H H B
K A K G V N E B G I A M I T S D S H
H A E X T X H K Z K D E A M S X T U
J X R H Y K A N A T N O M R Q S X I
A M E N D M E N T S V F F X R L M D
```

AMENDMENT	LEGISLATURE	PACIFIST
CAMPAIGN	MONTANA	PATHBREAKER
CONGRESS	NAWSA (National American Woman Suffrage Association)	PROGRESSIVE
ELECTED		REFORM
FIRST WOMAN		SOCIAL WORK
HOUSE	NINETEENTH	VICTORY

More than 100 years ago, Jeannette Rankin convinced the Montana state legislature to grant women the right to vote. She later became the first woman elected to the United States Congress, representing her home state of Montana.

Julia Ward Howe

```
O Y F F O R E Z J W C R X R V R L D
T H R B Z W M I J M O Q Z V P B E A
O Y C W A O I P Y F X N R L N R C W
Z M P O K M A J K C Z F O K J E T L
Y N N W S A C C A I L M L S P U I
C O M R X N A J P V F E S B X U R S
X E F O P S D Y I I W I Y T C B E M
V A Y T A J E N H L X K Z O L L R F
A B W E N O M O Y W I V M E T I Q V
A P H J O U Y L A A T M L B B C C O
S R O F N R R O N R I T T V V W O T
W A L V Y N X C A S T S Y N T P C E
A P E K M A U L S A A N T H E M B S
V E H Z O L F I B S P A S V U X U P
E V F E U N O D X O C A I B V V I S
A A F D S N C Y R A T I N A S L P D
O C A R T S A N D L E T T E R S O O
U G C I X F W C Q Q I O J G V A C S
```

ACADEMY	BATTLE	REPUBLIC
ANONYMOUS	CIVIL WAR	SANITARY
ANTHEM	COLONY	VOTES
ARTS AND LETTERS	COMMISSION	WOMAN'S JOURNAL
AWSA (American Woman Suffrage Association)	HYMN	WROTE
	LECTURER	

Julia Ward Howe was a writer, poet, and women's rights advocate. She wrote the famous "Battle Hymn of the Republic" and was the first woman elected to the American Academy of Arts and Letters in 1908.

```
D H I G H E S T R A N K P V P Z T R
C G X F X C H Y X K R C U S H I S E
H C C Y V A B N N W U A B L O U Z C
P K E Y I L B F C T N N L J W J T I
X G O T C I H U F T N D I N A E E D
C C L C E F G D A X I I C J R W N I
R E B Z P O W I H M N D S D D P U V
R E A C R R P S M M G A A I A K R I
H O I P E N I T L P M T F N G T E S
Z D S J S I A R S G A E E J N A Z M
Z J N J I A J I E U T J T Y S E E U
S K O K D I A C R P E H Y S R U P W
T C D O E X L T M E E C E O X Z I H
L A R E N E G Y E N R O T T A Z V O
A H A S T I N G S T X Q A Q C E E L
J S M E P V G D E M O C R A T T D E
V G J D D J O C P O W E R F U L R D
D S E N A T O R M C X T Z J K H P P
```

ATTORNEY GENERAL	DISTRICT	RECIDIVISM
CALIFORNIA	HASTINGS	RUNNING MATE
CANDIDATE	HIGHEST RANK	SENATOR
DEMOCRAT	HOWARD	TENURE
DEVI	POWERFUL	VICE PRESIDENT
	PUBLIC SAFETY	

Kamala Harris is an attorney and politician who became the first female Vice President of the United States and the highest-ranking female official in US history in 2021. She is also the first African-American and first Asian-American vice president.

Marguerite Higgins

```
B U B O H R I A I H U W D M N D K N
Z U X G K W I V R V H F E C T O S U
Y H R U R N A U X O C Q I R R V W R
X C A E Q U S G L F U Q I E H O R E
Z O K Z A R N E V A C A A E R K B M
L M V N E U P B L E L N R L P S E B
I M R D P D N A C S W O D U E D E E
W U U F U P C H K A I A L S K W Y R
R N Y K C C I N R N F I S M C A Z G
Q I A V E E W X E F T L M P D W P X
N S Y S F O T U A Z V A L S A E K M
H T S I B O U I E C I V W R X F T A
A S Z P P O R R I L H E G W T F B E
N E W S A S B Y H U N O J P B U Z R
X D B C O R R E S P O N D E N T P X
Q O B Q A F O R E I G N V F R F M Z
P I U Q Z E Y S R E P O R T E R G N
Z E R O O R A Y B M K L Z N Z Q K U
```

BUREAU	FOREIGN	PULITZER
CHIEF	HEROINE	REPORTER
COMMUNISTS	KOREAN WAR	TRIALS
CORRESPONDENT	NEWS	WAR
EQUAL ACCESS	NEWSDAY	WORLD AFFAIRS
	NUREMBERG	

During WWII, Marguerite Higgins covered the liberation of the Dachau and Buchenwald concentration camps while working for the *New York Herald Tribune*. She went on to become the first woman to receive the Pulitzer Prize for international reporting.

Mary Bickerdyke

```
R N O D E P I D E M I C K X K J I I
U A M C Z F J V A I R P H E T X D H
Q N D P G S W A U X A Y B R F W M B
T Q I E G R N F V Y R Q Q U M H O J
Q C H O L E A H A I M W A T K O T D
R N O E N I O T Q Z I G L P V L H W
C R F H P D V R C V E N A L F E E L
L Z S C R L K E E S S H L U C P R T
K J Z G L O V O R Z A R H C D V Y H
E A F U I S C U O E Q Z H S A N V A
I I T G D P N T R A V E L I N G Q R
O T S U P P L I E S Z M D W Z N B E
G L A T I P S O H C M Z I I I C V L
I X B R A V E R Y A P T G M X S X O
C Q D U L B O R X I J H D X A A R H
Y O Z Z X L Z B Y R H A F Y A L J C
T C P K V S U T C O K U N L W T P V
X Q U V M O K K N C E A N N O O P U
```

ADMIN	CHOLERA	SCULPTURE
ANN	DELIVER	SOLDIERS
ARMIES	EPIDEMIC	SUPPLIES
BRAVERY	HOSPITAL	TRAVELING
CAIRO	"MOTHER"	UNION
	NURSE	

One of the first women to graduate from Ohio's Oberlin College, Mary Bickerdyke was a volunteer Union nurse in the Civil War. She cared for the wounded of 19 battles and helped to establish some 300 field hospitals. Grateful soldiers came to call her "Mother Bickerdyke."

Patsy Mink

```
S Z V R I P W D K J P I O F Y A Y D
H O K I Z U H A O V K L T G O F D N
A W T E R R I T O R I A L G U C M L
W A Y A U S R W R C S M W F N Y E N
A Q Y D C T Q I O Z Z X D U G R I B
I M A T S U M U I O E I N N D S A L
I G A R U X P L W O R C A G E B W D
A Y Q D Z J J A P L O H U I M L U T
N H O U S E V F V O U I F X O G D A
F W Y A Z C L H F G X C B B C O M K
I H X X H D Q Q W Y O A K I R Y T E
C O R V S O J L O K E G Z L A R X M
D C Q R W T V X K E L O T L T I M O
B P A I A P A D I J O L J A S R W T
J Y M J H Q K T G S H A O J C Z D O
V O I C E V C W E X W W L C Y U V Y
A Q M C E M R S E C R E T A R Y L F
C C Z H E A C M E P R I M A R Y G E
```

BILL	OAHU	TERRITORIAL
CHICAGO LAW	PAIA	VOICE
HAWAIIAN	PRIMARY	YOUNG DEMOCRATS
HOUSE	SECRETARY	ZOOLOGY
MATSU	STATE	
NISEI	TAKEMOTO	

In 1965, Patsy Mink of Hawaii became the first woman of color elected to Congress. In the thirteen terms she served, she championed women's equality and legislature that prohibits discrimination based on sex in any program or activity that receives federal funding.

Reverend Delores Jackson

```
X R F R M I S S I O N A R Y T E U C
S C E Q A X B D B W S S S E P K J D
C O G T N R U H O U O G W R C A L Q
S M G C R T K Z C U Y E O K S R W T
X M X N G E E H L S S T D W O W D W
J U K R C Z A B X U E X L W U Y G Z
L N U I S N V T P S B M D Q Q H E Y
N I H P G J O P T A B R A Y H J N I
H T N E P Y O L U O I R F F O A D P
J Y Q S Y R Z W Q H E F Z E R O E R
M Q C Q T B G L T L Q M L N Z S R I
J F D P B L A C K F E M A L E U G S
K M I N I S T R Y Y L W T E W C S O
C U P L W W R W O D N N C Z U F A N
J K I E U D D X Z K N Y C C W T L A
L K P U S R E T S I S A E Q M K S E
Y B S K G U F T M H U H M Z K L A L
J J M Y W L H L W H O L E I G V F B
```

BLACK FEMALE	MINISTRY	SALSA
CHANGE	MISSIONARY	SISTERS
COMMUNITY	NYC	SOUL
GENDER	PRISON	SUPPORT
LGBTQ	PROTEST	THIRD WORLD
	RETREAT	

In 1974, Reverend Delores Jackson founded the Salsa Soul Sisters Third World Gay Women Inc.—the first known Black lesbian organization in the United States. This allowed women of color to gather and discuss their shared experiences facing sexism, racism, and discrimination.

Barbara Jordan

```
U Y T M M K O T C N I C E R P J D C
B D N S R F J Z Z L P F P T E B W O
G C N T B I N V E S T I G A T E A N
A O M A T H G M H X E M V E W N T G
P N E T K E Y N O T E N G O E O E R
C S D E Z Q X D L P U O B G V G R E
D T E S M T I A B R E X U E Y X G S
Y I E E J B N R S O G P X D F Q A S
R T P N B G T D I T B I T E W N T W
A U S A P L E R X E D M X N W P E O
I E O T Z S R O R M L P A H W Q K M
C N U O G H P X X P L E D O D U W A
I T T R C I R U Q O S A D L B Q D N
D P H E R N E X C R Y C R U M T I K
U F L B T B T P Q E H H E S Z K Z N
J N O B A X H G F D C V S F Z P G C
R R V U T M G X W U W J S U F L K Q
D N O I T N E V N O C O D T G T O D
```

ADDRESS	IMPEACH	PRECINCT
CONGRESSWOMAN	INTERPRET	PRO TEMPORE
CONSTITUENT	INVESTIGATE	STATE SENATOR
CONVENTION	JUDICIARY	TEXAS
DEEP SOUTH	KEYNOTE	WATERGATE
	LGBTQ	

In 1966, Barbara Jordan became the first African-American state senator in the US since 1883, as well as the first Black woman elected to that chamber. The US National Archives has described Barbara Jordan as the first LGBTQ+ woman in Congress.

156

```
M N N Q I B Z I I W R B Q Z N D B K
N E A O L H A L E S F X M U N I D Y
W T J E S F F D K Q K S A P G K C P
E V Y S B I T F L H Q J S H I P C W
H R Y E Q B R U I U Z Z K O W H A T
E R U H O A I P R F C L J N N B P V
Y O B T D E Z R A C Y K C V A E T A
R F Y O N B Z N A L A J K H F E U M
U J C L Q E V A K C T N A T S K R C
T C R C F C V S G Q H M C K U P E G
H J E S S C O D K C A R G O R I O Q
L A W N M P Z E A S L H V V R R P H
E O P E J M P I T O O E G R E A F L
S Z Y M L C F R W Y Q K P R N T G K
S D V N E G N M H K L B K Q D E F R
P R E G N A N T M W I F K X E D A K
C R O L I A S C F D J V F G R R L I
S T M R T E M P E R C W T Z C I V D
```

ADVENTURE	CARIBBEAN	RUTHLESS
BAD LUCK	CREW	SAILOR
BAHAMAS	MEN'S CLOTHES	SHIP
CAPTURE	PIRATE	SURRENDER
CARGO	PREGNANT	TEMPER
	PRISON	

Anne Bonny, one of the few female pirates of the Caribbean, was known for her ruthlessness, often seen wielding pistols and a machete. She challenged the sailors' adage that a woman's presence on a ship invites bad luck.

Coretta Scott King

```
P V F R E E D O M C O N C E R T I M
Y C O A L I T I O N A X S S N L N L
Y S Y J M D I C D U O E M O A V P G
F C S U M M I T A E V O M C I A N G
C W A M O V E M E N T M S I C I M I
U J X A G W P U N H H L V A M E E B
Z K K C D O W J E O V A L L S L M X
X E F I W N T R B V J A K C P E O W
E I S I J N H G O Z C E O H W D R A
L U W H X O R V C I U V A A K P I S
C E B W O K W O S Y A Y P N P A A H
A P S D N Z A U M M I N N G E A L I
M U W U Q S M V P Q Y M O E L R T N
A G C O N S C I E N C E K G J N V G
R O H G Q J J C C V L R A L L Y A T
C L Q R M W A R F T J R F Q C U Q O
H Q I K M O N T G O M E R Y H P V N
E I L T S I T P A B F T D B C P V R
```

BAPTIST	MEMORIAL	RALLY
COALITION	MLK	SOCIAL CHANGE
CONSCIENCE	MONTGOMERY	SUMMIT
FREEDOM CONCERT	MOTHERHOOD	WASHINGTON
MARCH	MOVEMENT	WIFE
	MUSICAL	

Coretta Scott King, wife of Martin Luther King Jr., made a name for herself among the most famous civil rights movement leaders. She lived a life of activism, fighting for civil rights, women's rights, and LGBTQ rights.

Louisa May Alcott

```
K Y P Q R I J B L M W H O O C O Z E
F K T O C B I S A V Z L N C S W Q Y
O O P R T A G K M B R A R B D L H O
I M O R C H A R D H O U S E S A N M
C A A Y L W N Z H R G T J A J T J V
P A O B N K Y Y O P B H U E P N O N
K D N S C O K S W V S O P A R E S E
J S N T X M I L Y Q D R A G O D B M
R P E O I L H S N N X S U M S N O O
E U K Q V S A V S A J R R K E E Y W
V L Z E U E L R I A D I G Z J C S E
E A D N P E L A U R P D J N L S T L
N N C S U I L I V M E G T R Q N K T
G R I C R R Q T S E J E N W T A F T
E U B P W A S F S T R U A N W R I I
N O D S S K F E B K R Y O U C T X L
Q J H R G I L D E D A G E L Q Q C W
A D R O C N O C O Y L A W W D N E N
```

ANTISLAVERY   LITTLE WOMEN   PROSE

AUTHORS' RIDGE   NOVELIST   REVENGE

CONCORD   NURSE   RUN

GILDED AGE   ORCHARD HOUSE   SEQUEL

JO'S BOYS   TRANSCENDENTAL

JOURNAL   PASSION

Louisa May Alcott was a famous author. She first served as a nurse during the Civil War, then was asked to write a book for girls. She drew upon her own experiences to write *Little Women* which remains an American literary classic.

Mary McLeod Bethune

```
I  N  S  U  R  A  N  C  E  R  G  Q  V  S  L  U  Z  I
E  Z  V  V  I  C  E  P  R  E  S  I  D  E  N  T  J  D
U  U  F  B  Q  U  S  U  B  W  B  D  C  B  C  I  G  O
B  Y  N  Z  R  Q  S  C  T  D  X  R  F  R  M  X  P  B
J  B  B  I  X  D  I  R  E  C  T  O  R  U  C  D  E  B
I  V  E  S  C  O  T  I  A  R  B  J  Q  B  Q  T  R  L
L  M  O  W  O  M  E  N  S  A  R  M  Y  L  H  O  O  A
U  L  K  N  A  A  C  P  Z  V  Y  X  K  U  Z  G  S  C
E  N  A  H  Q  X  E  I  Z  T  D  R  N  S  E  Q  I  K
T  C  H  I  C  A  G  O  D  E  F  E  N  D  E  R  V  C
K  K  S  E  M  I  N  A  R  Y  C  N  T  Q  T  B  D  A
Q  T  F  G  I  F  D  R  W  O  S  O  C  I  N  G  A  B
G  N  I  D  R  A  O  B  O  A  C  T  P  T  N  S  L  I
C  Q  J  H  B  F  Y  K  Y  T  H  T  Y  G  W  O  U  N
E  M  J  S  G  N  M  Z  S  J  O  O  T  Z  T  G  D  E
R  X  Y  E  B  A  O  B  G  H  O  C  P  M  N  Z  V  T
J  G  W  W  N  P  V  T  D  T  L  K  M  F  E  S  J  F
E  H  O  D  N  E  G  R  O  A  F  F  A  I  R  S  F  E
```

ADVISOR	FDR	SCHOOL
BETHUNE-COOKMAN	INSURANCE	SCOTIA
BLACK CABINET	NAACP (National Association for the Advancement of Colored People)	SEMINARY
BOARDING		VICE PRESIDENT
COTTON		WOMEN'S ARMY
DIRECTOR	NEGRO AFFAIRS	CHICAGO DEFENDER

In 1936, educator Mary McLeod Bethune became the highest ranking African-American woman in government when President Roosevelt named her Director of Negro Affairs of the National Youth Administration, where she remained until 1944.

Clare Boothe Luce

```
S E A T L B V W F K W X Y T Z Q H Y
G S C R E E N R E P O R T A G E E K
T W H J A M B A S S A D O R P S Y U
T I X T T T Z N X L H K M Y L O L K
S E C R L S W H D Q Q B Q A Q M X R
A N O A Y M S F O Z F N U I Y E G P
C G N T J D I S Z U A I N W O J V S
E B S I L S U U V B S E H G P A K L
L D E U F N Q T R R M E K B F P S C
A N R F Z K N O S O C Y X E G O C C
M J V O G Q A S W R G S H P C Z J A
E K A R D D G E I J E J F I C K R T
F B T C H N H T A U V D A Z D G J H
B Q I E O T I Q K I Q L N U N Y U O
M P V F T C I H M X I W W U O Z B L
V M E U W A B X F T K I W Q W A M I
E H S L P J L O E B W Y L A T I W C
R H V M J D I P L O M A T V U W S S
```

ABROAD	DIPLOMAT	SCREEN
AMBASSADOR	FEMALE CAST	SEAT
CATHOLIC	FORCEFUL	SOCIALITE
CONSERVATIVE	HOUSE	THE WOMEN
CRITIC	ITALY	UNDERSTUDY
	REPORTAGE	

After serving as managing editor of Vanity Fair, Clare Booth Luce turned to politics. In 1942, she as elected to the US House of Representative as a Republican from Connecticut. In 1953, she became the highest-placed woman diplomat in US history when she was appointed ambassador to Italy.

Septima Poinsette Clark

```
T R I Y E P S U H O H Z X Z R C D W
I U U L A F O L K S C H O O L G A A
M V U P Y U S K S P O C L C S K X T
B D J J U P F M Y B F R G Y Q H Z S
U S C P I H S N E Z I T I C U N P W
S R B X L S N C T C B A K D E O C G
B Z L I V I N G L E G A C Y E T N Q
O M A R G I N A L I Z E D Y N S Q H
Y W G M E Y C O U R S E H A M E G I
C O C B C M N Y L P L Y O M O L O G
O R V V O Q P I V G R L R P T R U H
T K D D V A T O U G E S Z Y H A R L
T S X H L E R K W S C Q A E E H S A
I H N S R S T D L E J F T J R C T N
J O W A T R R S H Y R B O V M Q Z D
K P C F R F Z J U H N K K S K T L E
P Y U C O A T O O R S S A R G W M R
P X B C O M M U N I T Y N O S A J U
```

BOARD	EMPOWER	"QUEEN MOTHER"
BUS BOYCOTT	FOLK SCHOOL	HIGHLANDER
CHARLESTON	GRASSROOT	SCLC
CITIZENSHIP	LITERACY	(Southern Christian Leadership Conference)
COMMUNITY	LIVING LEGACY	
COURSE	MARGINALIZED	WORKSHOP

Educator and activist Septima Poinsette Clark believed "literacy means liberation," and pioneered efforts linking education to political organizing. She risked her career to be an NAACP activist, fighting against discrimination and for equal pay for fellow Black teachers.

Dolley Madison

```
U V U S B X L X O S V S Q D X R D I
F U H X Z F L H O S T E S S V M L S
W F D B G U A D Z Y V M T Q M V E L
G G G U X J T E L E G R A P H M S I
H M X M S E L L Y L J W I D O W U Y
I R P O Z R M B T I A R T R O P O L
N N D N U R P C X E A S C P Y V H C
V R T T A E S Y R A R O N O H E E
F I K P V L O X E G O Q S V E R T I
I K X E T G Q I S P O V E R T Y I Q
R V U L U O G N D F L Z R O J G H P
S U T I S C D O J L S E F W G H W T
T J L E V A U D A M O T I W R V F S
L B P R S J L M Z A I C R R D W D C
A S F U N C T I O N A Z E E N X E N
D O H O S P I T A L I T Y N E R E B
Y F K C E T D U A F A V V U R T C E
J W P R N A S I T R A P I B V U G J
```

BIPARTISAN	SEAT	SELL
F STREET	HOSPITALITY	TELEGRAPH
FIRE	HOSTESS	TODD
FIRST LADY	MONTPELIER	WHITE HOUSE
FUNCTION	PORTRAIT	WIDOW
HONORARY	POVERTY	

Dolley Madison served as White House hostess during the administrations of the widowed Thomas Jefferson and her own husband, James Madison. Her elegant social skills have been credited with fostering bipartisanship, and she was welcoming to anyone that visited the White House from temperamental statesmen to warrior chiefs.

Wilma Mankiller

```
H N C F D J W B D H E I F X Q P Q C
R H H A I K A C U B E B T W W M H B
I J C I L D L K I B F P L O J E I J
W O S T A W F J O H O K Z F R L C T
T R G H P N A W I E K B A O T T H R
W F X N I P R I O M E M K E S F I I
F F Q B D J E E R F J E V E T I E B
N V K P A M U H R J E T L V V R F E
D W H M T M G D A E L F V U B S A C
Z N A U E Z Y Q P H R F E O T T H T
Q A W T D E X L F E W E R C O V D F
K T B E E O S T B E N L O P J E D J
L I X S L R Y M X U G P T D J Q L E
J O V X X F L M T C Q O S O H B V W
G N H W H U A I A C P E E A P P L X
V H W E C O G R N H L P R Y G D H C
F G K T E V Q F E E O Q U B K Y N X
I C B N Q W T G K N R E H A B D V D
```

CHEROKEE	LEAD	RESTORE
CHIEF	MEMOIR	SELF
DILAPIDATED	NATION	TRIBE
FAITH	PEOPLE	WATERLINE
FIRST	REHAB	WELFARE

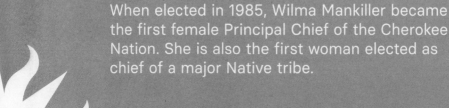

When elected in 1985, Wilma Mankiller became the first female Principal Chief of the Cherokee Nation. She is also the first woman elected as chief of a major Native tribe.

Michele Roberts

```
R  G  V  F  S  F  G  F  L  Z  E  L  G  C  D  S  Q  B
S  L  O  B  T  I  Q  U  N  I  O  N  A  N  R  A  G  F
M  O  T  F  A  U  G  B  U  J  P  Y  X  B  Q  A  O  E
X  F  W  M  E  S  S  N  F  F  B  M  N  D  O  X  M  C
N  X  Z  R  D  T  K  Z  T  Q  A  T  O  I  K  R  F  Y
U  Y  J  E  R  J  Z  E  O  E  N  N  R  D  O  M  X  O
M  X  E  O  A  U  U  O  T  E  Y  N  B  H  F  M  Z  M
Q  N  P  V  U  Q  G  U  M  B  I  P  Z  M  H  R  J  W
R  S  E  Y  I  N  B  E  G  W  A  L  W  J  F  E  K  Z
H  F  R  G  B  T  E  T  V  L  U  L  P  Y  S  Y  E  W
T  U  V  A  O  R  U  Z  W  V  N  O  L  W  R  A  P  L
L  B  Z  Q  G  T  E  C  T  G  S  P  H  A  Y  L  E  A
A  Y  U  A  F  R  I  A  E  I  H  O  W  D  J  P  N  W
R  H  Z  H  O  S  Y  A  T  X  L  C  J  K  P  Z  U  Y
G  Z  Y  U  C  L  S  I  T  E  E  M  N  P  Z  U  D  E
M  O  W  H  F  F  O  H  G  E  F  C  N  L  O  R  P  R
I  W  M  S  I  N  D  O  N  R  D  S  G  Z  C  H  W  B
A  G  H  P  D  O  J  X  W  Q  W  N  B  P  A  T  D  K
```

AGREEMENT	LAWYER	PLAYER
BASKETBALL	NBA	POSITION
BRONX	NBPA (National Basketball Players Association)	SIGN
EXECUTIVE		SPORTS
LABOR	NEGOTIATE	UNION
	PEN	WIN

Attorney Michele Roberts was named director of the National Basketball Players Associate in 2014. She became the first woman, and African-American woman, to hold the position and the first to head a major American professional sports union.

Gwendolyn Brooks

```
O  S  J  P  A  L  L  E  N  C  C  N  Z  M  G  T  B  P
E  I  O  P  O  Z  Y  C  K  U  F  C  O  K  U  P  R  L
A  O  Z  K  O  E  C  R  C  Z  Y  F  A  N  G  K  I  S
O  N  E  E  U  T  T  O  K  B  I  C  V  P  G  Z  O  K
C  I  M  E  C  U  O  L  L  C  J  N  P  K  E  D  T  W
O  L  O  P  O  I  R  P  A  X  K  Q  O  Z  N  P  J  G
X  L  H  D  N  G  P  D  E  U  C  X  K  B  H  U  A  M
C  I  G  B  S  E  X  D  X  K  R  A  U  M  E  L  F  L
S  O  N  L  U  W  M  V  X  X  A  E  B  T  I  I  Z  D
G  M  I  W  L  Z  Q  H  K  F  Q  Q  A  K  M  T  V  N
W  B  M  U  T  Y  X  B  X  A  M  L  O  T  F  Z  E  E
C  G  O  M  A  U  D  M  A  R  T  H  A  K  E  E  R  A
E  L  C  Z  N  U  R  A  C  F  V  Z  X  B  F  R  R  N
Z  Z  K  C  T  I  M  W  O  J  H  S  H  W  Z  G  E  N
P  J  I  V  F  E  L  L  O  W  S  H  I  P  S  A  R  I
P  Q  V  R  E  Z  V  B  K  M  I  C  X  E  L  S  H  E
L  I  Z  C  P  L  C  L  P  O  E  T  R  Y  K  D  H  A
K  V  K  U  C  H  I  L  D  R  E  N  W  V  Y  U  X  E
```

ALLEN	GUGGENHEIM	POETRY
ANNIE	ILLINOIS	PRIZE
CHILDREN	LOC	PULITZER
COMING HOME	(Library of Congress)	RIOT
CONSULTANT	MAUD MARTHA	TOPEKA
FELLOWSHIPS	POET LAUREATE	

Poet Gwendolyn Brooks wrote more than 20 books throughout her career, drawing from her personal experiences overcoming racism and social challenges on Chicago's South Side. In 1950, she won the Pulitzer Prize for Poetry, making her the first African American to receive a Pulitzer, and in 1985, she was named Poet Laureate.

```
U N L C R I C D U M U O R P W B L S
R K E M E F N D V U U W F O S M I Y
P D X E F M V F V T S I Q U G E R W
U I R M V A Y Y O X N T P T B G U E
C A E B N V L W H A V E O E T K S S
L N P E E L M N X R V R C H U F D
D T U R W R B C V I Y T W P K I E E
K H B C Y I E B N H H A M C I V I U
H M L K O C E T U A L Y M V E K E N
B O I X R K E H L L E T D L C X O K
A A C D K N Z L S V Y R O I C I B Z
N T A U D P Y T K A O P M H T I R Q
K Q N E N F R Q P U M I A C K J O V
I M N X W E V B I E H N E U R H K Z
N T Q R E L L I N Q G L D K R P E J
G X H T D Z P T K E E D J T D R R P
U B P L C I D D U E N D X F M U J I
C R E D I T U N I O N T R V D W X L
```

BANKING	EXCHANGE	REPUBLICAN
BROKER	FINANCE	SIEBERT HALL
CREDIT UNION	MAVERICK	STOCK
DEVELOPMENT	MEMBER	SUPERINTENDENT
ELECTION	MICKIE	WALL STREET
	NEW YORK	

In 1967, Muriel Siebert became the first woman to buy a seat on the New York Stock Exchange, making her the only woman among 1,365 men. She remained the only woman on the exchange for almost ten years.

Dr. Beatrice Medicine

```
Q L V N R E B N O X G S Y K Y G M I
A E O I S C H O L A R R A U U R I N
N S Y O C X A S S M P E C F W E N D
T E T J G T G O F T I C X X A D N I
H A P A A S O V A M O O M C K H E G
R C L G N D I R X I G V B L P O C E
O W A B D D D H I K K E Y B A R O N
P T K K E J I I A O W R O D L S N O
O Z O A F Z Q N C S U Y B I A E J U
L O T N P T E H G T A S Q W S W O S
O R A Y B M V W F R I P G M M O U I
G A N G H C V T A R O O A Z E M I H
Y G L K A Q X Z B E N C N H E A B B
M E N T A L H E A L T H K W K N E P
J D W W K V K T Q C H Z K J G A B D
X Y N L A U G N I L I B M J G P D G
O Q Z W N Y G S A V P Z H X H P G L
R R E M A I N I N G N A T I V E H D
```

ADDICTION	MENTAL HEALTH	SCHOLAR
ANTHROPOLOGY	MINNECONJOU	SIHASAPA
BILINGUAL	RECOVERY	STANDING ROCK
INDIGENOUS	RED HORSE WOMAN	VICTORIOUS
LAKOTA		WAKPALA-SMEE
LGBTQ	REMAINING NATIVE	

Dr. Beatrice Medicine was a member of the Standing Rock Sioux tribe, an anthropologist, and an educator. She focused her research on topics affecting the Native American community, like mental health, women's and LGBTQ+ issues, and alcohol and drug use.

Margaret Chase Smith

```
M A I N E F V D I U Y T T Q R P E E
U V Z U H J F T P H P C E Y E I C Q
N L W H X Z B A T C O O N G D D J R
V W T G Q V N R R S H N U N E M Z H
C E A Z Z J A Z P O K G R I F X I H
D O I B M C K E W H C R E V E C F N
Q M W Y C J E I F O O E F R A A P N
E J C M F C F F O N N S O E T N Q O
L F N K H K C K R Q S S V S Y D L M
N A C I L B U P E R C W K T S I W I
B N J M D X G C X Z I O C S E D H N
I X A L Q T K J Y O E M E E N A M A
W M L Z V V E S C V N A M G A T C T
D E E O Y T S R P F C N S N T E Z I
I H R X I Q N R M P E K T O O J G O
B O E C R I T I C I S M V L R I A N
V K R E P R E S E N T A T I V E Z U
Z X F M O D E R A T E E T B U O R K
```

CANDIDATE   LONGEST-SERVING   REPUBLICAN

CONGRESSWOMAN   MAINE   SENATOR

CONSCIENCE   MCCARTHY   SPEECH

CRITICISM   MODERATE   TENURE

DEFEAT   NOMINATION   TERM

REPRESENTATIVE

Maine Republican Margaret Chase Smith was the first woman to be elected to both houses of Congress and, until recently, was the longest serving female senator. In 1964, she became the first woman to be nominated for the presidency.

Sophie Lutterlough

```
C Z E P D I D A G E F L T K M I A S
J Y N N S J S C I E N T I F I C C X
F R N J T J M M I T E Y T P D C W H
J O C C A O G I R M I B L N L Q A E
J T R O S F M K Q Q H W Z A M R N Z
Y S Z I L G K O O I Q A S A O K A O
A I P D O H E Q L D A S C T Q K I P
A H H E D U U X F O I K A Z Y S N A
F L U N G I R F H F G R Q J Q P O L
G A E T S N S E Y I E I M D F E S R
D R L I B S W T S P B F S R J C H L
F U E F I E J O O T M I X T X I T X
J T V Y I C E R V S O F T P Y A I T
L A A N X T U Y R B L R X C S L M M
L N T O X S Y Q U M C Q E M D I S C
X S O O J S P E C I M E N S J S Z F
C U R A T O R I A L H C Z S X T W J
G T W G O S O J J T H F L G Y E Q M
```

CLASSIFY

CO-IDENTIFY
SPECIMENS

CURATORIAL

ELEVATOR

ENTOMOLOGIST

EXHIBIT

INSECTS

MACK

MITE

NATURAL
HISTORY

OPERATOR

RESTORE

SCIENTIFIC

SMITHSONIAN

SPECIALIST

Sophie Lutterlough was hired in 1943 as the first female elevator operator at the Smithsonian's Natural History Museum. She soon asked an insect curator for a position as a researcher and later became an entomologist. She was a specialist in Myriapoda, a group that includes centipedes, millipedes, and 13,000 other species. She worked at the Smithsonian for the next forty years.

Harriet Beecher Stowe

```
M M F U N C L E T O M K A X X S U E
P R O V O K I N G J V B D Y F Y D A
A M X I T L B B H W O E R L N L N K
S A C U B L W K X L B O N Z W G V S
U L U O I X S X I A C Z C T E M E V
E V A R N T N T T G N O E R S C X T
Z K O V A D I E C X L E B U R C R W
G Y O N E O I A M L A W K O U A R W
R L C K N S B T E K A Z W G V H Y N
L E S I V I A C I S L F W E J I Y Z
X Y S Q N U T Y Q O I E L I R S N W
E T R X T I I O A E N M V G N M W H
O I W H O H R B L D E S I O E J T O
O U O N X E O D K M Z U P A N N L L
X R S U Z F Z M O J T D O T A W C E
A L S C O T P I O N G W G Z Q K O A
Y T U U H A R S H Q I M Q J Y S P Q
X F U I N F L U E N T I A L Q U H Q
```

ABOLITIONIST	CONDITIONS	PROVOKING
ANGER	CROWFIELD	SLAVES
AUTHOR	DEBATE	STANCE
CABIN	HARSH	TRAVEL MEMOIR
COLLECTIONS	INFLUENTIAL	UNCLE TOM'S
	NOVEL	

In 1850, Harriet Beecher Stowe began working on a novel intended to reveal slavery as "the essence of all abuse." The result was *Uncle Tom's Cabin*, a groundbreaking bestseller that has been described as "one of the most successful feats of persuasion in American history."

Antonia Pantoja

```
Z C N X M S Q A G F G L A D E M V G
W H O L E K Q J M O O H J F E E J P
D N E J U O C U A U J R U R P R E W
U B A A G J R O F K F L U B R E J Y
Z O O H S F N E T X R F M O P D V
R E R R I P M B J Y E T X F D U X E
E J L Z I I I W D Z E R O H U E S Z
F K A A N C X R Q G D E H I C R V G
O A U I T N U Q E J O Z F X E T D L
R W S C A I R A B W M I W L R O D J
M T E P C X N X C O G J Q Z L R B O
A I K L I A H O Z O Y K J J E I Z P
T A I V D R F U Y B L M L O A C M H
I H X Y A E A P N O T L S W D A R O
O F A C T O R Y C T U B E K E N I C
N V S P A O E P F O E T X G R F B S
N T Y A V O R X G Z C R H W E X C C
A N P S O C I A L W O R K E R H F A
```

ASPIRA   FORUM   LEADER
ASPIRE   FREEDOM   PUERTO RICAN
BORICUA   HUNTER   REFORMATION
COLLEGE   LATINO YOUTH   SOCIAL
FACTORY   MEDAL   WORKER
FEMINIST   PRODUCER   WELDER

In 1961, Antonia Pantoja founded ASPIRA, an organization dedicated to helping Latino youth. They won a lawsuit that mandated bilingual education in New York schools. Her efforts earned her the Presidential Medal of Freedom, making her the first Puerto Rican woman to receive the award.

172

Mercy Otis Warren

```
K B R O N F T P T C E E P S Z W F U
C H K R M S A X R O L R L J R A N C
C H I R O T L I H B N H A J L A D J
N Z S S R T T A C N V Y X T A B S
Q R B I T I A T K K J Z W U W U I E
R A O O C O S T X Q M U R Z R P J P
E T L A Y N R O N A D A I T Q M T J
V I L D R C N I W E L I G U T J E A
O F H A J P O H A R M F H B Q A A Z
L I B P J G O T I N K M T R X O P T
U C M O H L Z G T G N I O Y T G A S
T A O I E W H Z A H I B H C L Z R I
I T M R Q T M S A M E R I C A N T R
O I Z J S R E P U B L I C M Z H Y I
N O N T O Q Z D Z X N J K J J C G T
Q N K Z T H E A D U L A T O R E C A
U U Y Q Z Z S Z U O R E Z E R L I S
W P U B L I S H E D C O G Q Q U I A
```

AMERICAN   HISTORIAN   REPUBLIC

BARNSTABLE   NATURAL RIGHTS   REVOLUTION

BOYCOTT   PATRIOT   SATIRIST

COMMENTATOR   PLAYWRIGHT   TEA PARTY

CRITICAL   PUBLISHED   THE ADULATOR

RATIFICATION

Pamphleteer, poet, and playwright Mercy Otis Warren published the book *History of the Rise, Progress, and Termination of the American Revolution* in 1805, which was among the first nonfiction books published by a woman in America. Among its notable readers was President Thomas Jefferson, a longtime correspondent of Mercy's, as well as Abigail Adams and Martha Washington.

Rita Moreno

```
E Y C J C T W Z X H V G H Q Q R I I
I W M I X W O V Z N A B X D J T P U
E A U M G W U N S T O R Y F B F U G
S V N N A W M I Y W O W X Q X A E O
T N I I A R L C V O E A S L C K R O
M S H O T D G Z T S S O P T Z T T G
S B Q H Q A N Q T C L S I Q D J O I
F J Z D W J A S X A T N Z Q R G R E
O C P I J D I Z N R G G Z E R O I E
A C X W Y D H O L L Y W O O D L C H
Y V G J E T U J R I H J Q A P D A R
P Y Q S M G P K B F X W O R N E N E
E O P Q K F W Z Q Q E H W L J N X C
Y C D A D Q F J M I J O W H N A B N
O L L J M A S O R S D L E E O G Y A
X N F R D S H C T E F E W Y G E B D
A M A R C A N O G G T C E M M Y S M
K F S R R T Z R C C D E K I S L T D
```

ACTING	GOOGIE	ROSA
ANITA	GRAMMY	SING
DANCER	HOLLYWOOD	STORY
EMMY	MARCANO	TONY
GOLDEN AGE	OSCAR	WEST SIDE
	PUERTO RICAN	

In 1961, Rita Moreno became the first Latina woman to win an Oscar for her role of Anita in *West Side Story*. She has achieved EGOT status by having won an Emmy, Grammy, Oscar, and Tony award individually.

Florence Nightingale

```
H T L P F C A R E Y V Z M U B V H F
S C L A M P L U Z R W M A I I V S B
X D S E P B D Y C F E H X C Q T X J
X P T N E D V S B T K F T Y A V D C
E M T G J H F O W Y D O O T H C L V
K V H L O E Y O D S R L I R D R U T
M S O I V G G A U I A S U O M I F D
K X M S K J L I A N T S Z Y X M A W
O E A H G G B N L I D I D N G E B O
M Z S O H F P K C R V I Y G G A S A
I M R N E O S I K D L S N X L N C L
N W N O I T A T I N A S X G K W E A
C F B K L N N N F T W O H W A F N N
H D Z E L C T R X M D X N R W L U G
O G T R A I N I N G S C H O O L R E
S O W D O J Y D T J F L W E J P S L
O X W A L V V W J C N O W G F X E M
A U M M I N I S T E R I N G V U E E
```

ANGEL   LAMP   STATISTICIAN

CARE   MINISTERING   TRAINING SCHOOL

CRIMEAN   NURSE   VICTORIAN

ENGLISH   REFORM   WAR

FOUNDING   SANITATION

LADY   ST. THOMAS

Florence Nightingale was a nurse and considered to be the founder of modern nursing. During the Crimean War, she was known as the "Lady with the Lamp" and wandered through dark rooms in the hospital, checking on patients by lamplight.

Lydia Mendoza

```
C V L S P Y S B M X C L C G U Q B W
I Z M E X I C A N X I G D U E U P N
L E Z A H Q N A B N D U E T L M T O
V P F E B L F F E S N I J W I U R V
I I P P R J I U M K X T G H M S A D
K V D S Y O P V L R A A N O E I D A
U I E P Q M D S E K I R I L J C I X
S X Z A T E J A N O Q I M E G A T N
A O J N T B U S M M H S R I P L I V
N W M I V U Z I A Q O T O W S R O Y
L W R S C M D N L O U D F V S O N W
U I O H S H V G H I S O R N K O A K
I Q F K X B V E O B T F E U N T L C
S K T Y J A Q R M V O L P S Z S U G
V Q R T B C F O B Z N G C Q P H F U
T M A F A M E Z R L W U K V Q D I V
Z Q K T J R K Z E Z C T D Z W F D Z
P O T O S I V X Q J S U B F I Z F D
```

ART FORM	LIVE	SAN LUIS
FAME	MAL HOMBRE	SINGER
GUITARIST	MEXICAN	SPANISH
HOUSTON	MUSICAL ROOTS	TEJANO
LINE-UP	PERFORMING	TRADITIONAL
	POTOSÍ	

Lydia Mendoza was a Mexican-American female singer and guitarist in Tejano music whose career spanned from the early 1930s to the late 1980s. She was named a National Heritage Fellow in 1982 for her contributions to both Tejano and conjunto music.

Anne Bradstreet

```
F R E E T H I N K E R L N W Y S T M
Q U A T E R N I O N S J R M A F R W
P O S T H U M O U S W C W S Z O H Z
S V P Z H A R V A R D Y A R D O A W
B V O R E Z L H Z U Z U P E L Q N H
I X F M K O B P H P O E T E U F O D
A U X T Z J O B Q Y L J F N Q S R S
I O C U I L J V K U X U F L E Y T U
C D U B A R T A S P U R I T A N H F
U N I Q U E S T Y L E O U M V Z A F
J G Y D E C H E F S B A I I P Y M E
P S I X B T H L H W D B T P X L P R
W Q M Z E A R L Y E N G L I S H T I
Y B M O T H E R H O O D Z O U U O N
D M P F A V C A D E T A C U D E N G
X V S I D F V Q C O L O N I E S O A
Z T Q E S U M H T N E T B H G A Z I
K E F F S A M A N U S C R I P T X G
```

COLONIES	HARVARD YARD	PURITAN
DU BARTAS	MANUSCRIPT	QUATERNIONS
EARLY ENGLISH	MOTHERHOOD	SUFFERING
EDUCATED	NORTHAMPTON	TENTH MUSE
FREE THINKER	POET	UNIQUE STYLE
	POSTHUMOUS	

In 1650, Anne Bradstreet became the first published author of a volume of poetry in the American colonies. A settler in the Massachusetts Bay Colony, she was also the first Puritan voice in American literature.

Lt. Col. Olga Custodio

```
W M N A U J N A S H C S E B Z P D N
W H O L E H N R E T R A H C G I E I
V R X P I L O T D G M M Q D F X C H
Y F A Y R B O E I N G F N R A D W M
P L I E U T E N A N T X C A C K S I
V Z A L B U O M O C U O L G A Z X L
J O I F M V X P I J M P H O P O P I
A N R P X J H A D M R I V N T C W T
V R F I R Z R O E O S P E F A H W A
H O O J J X N R K P D M N L I G A R
A Y R U P S C B A B N P P Y N J T Y
A N C D S I Y N O I H J E C D D C X
A Z E V A O I E V R E S E R V F Y E
P Q E L Y C T X V C O L O N E L K N
C K X R U U N P Q R Z W Q C R S Q X
F M Y A O Z X J Z G X C R A A I Z M
S C W L W N W V Q I L U K B Z Y I X
P M M A G E G L W E N I L R I A F R
```

AIR FORCE	COMMERCIAL	HISPANIC
AIRLINE	DOD (Department of Defense)	LIEUTENANT
BOEING	DRAGONFLY	MILITARY
CAPTAIN	HAAAP (Hispanic Association of Aviation and Aerospace Professionals)	PILOT
CHARTER		RESERVE
COLONEL		SAN JUAN

Lieutenant Colonel Olga Custodio is the first female Hispanic US military pilot. She was also the first Hispanic woman to successfully finish the US Air Force's pilot training. She then became the first Latina airline captain for American Airlines.

```
A I G P E T H E G L E A N E R Y Q O
H Q P B A P C X U Z H N V N G H N O
T C P I A S S W F T K Y J A L B L S
E O L Q E E Z G X K F Y D V E V X U
Q L K E A U J L N P C V J M T U L C
U U D V R D K Q N I O Y J F T B S O
A M T I L O Z P H C N M G S E Q U N
L N S N Y N O E A O N R Z E R E I T
I I I D F Y V T R S N X A D B T B R
T S Y I E M E E U O A O H E O H A O
Y T A C M K R J W K C V R H O O D L
O T S A I K X Q O T E B A A K K O M
T K S T N F A H A F O S B R S Q P V
L Z E I I P R A I S E T R A M R T W
A J X O S T C L K X R V Y G V V E V
Y R X N T T N A C C E S S W L M R W
R I G H T S Y W H O L E J S W T T K
X K O P K A Y G V M H Q K H V O I A
```

ACCESS   EARLY FEMINIST   MARTESIA

ADOPTER   EARNINGS   PSEUDONYM

ADVOCATE   EQUALITY   RIGHTS

COLUMNIST   ESSAYIST   THE GLEANER

CONTROL   HONORA   VINDICATION

LETTER BOOKS

Essayist, poet, and playwright Judith Sargent Murray was one of America's earliest advocates for women's rights. In the 1790 essay "On the Equality of the Sexes," she argues that women were just as capable of intellectual accomplishment as men and education would liberate women from economic dependence.

Margaret Villa

```
P F R O R E Z Z W H O L E A Q O H G
J R E E B A T T E R M A R O B L P M
Y O O Y Y A T E D V A A H F L P A E
P Y B F F A Q R U R B G E N D C L X
F N G Y E H L Z K A F P I K B A E I
L A O A J S C P S S K B K S P L A C
T C W L R A S E Y J I L O E Y I G A
S I L L X V B I R K A B O T W F U N
U R A I U A E O O I O H R T D O E G
N E U A L N M Y F N Y D Z E A R G U
K M T L Z J H X S W A E P N R N F O
P A I O J D X E H T J L L O F I V Z
M L L M Q Y U Z V G A K M I R A R U
B L I A T N T E M O C R E L W X T X
J A T R F H R X Q A L S U A U I U
V F Y G R A I S G S D M O B T P A O
L J F E G V L M W U T M B E Y A C Z
O W U K B T Y N T E F Y O D L W A F
```

AAGPBL
(All-American
Girls Professional
Baseball League)

ALL-AMERICAN

BASEBALL

BATTER

CALIFORNIA

COMET

FIELD

GARVEY STARS

LEAGUE

LIONETTES

MARGE

MEXICAN

PLAYER

PROFESSIONAL

ROOKIE

UTILITY

In 1946, Margaret Villa started playing catcher for the All-American Girls Professional Baseball League's Kenosha Comets. During a game that year, she drove in nine runs and recorded 11 total bases, surpassing the performance of any other player in the AAGPBL.

Catharine Maria Sedgwick

```
K S P L V E E V I L T E L I P N L N
G M L V W H O P E L E S L I E U R H
V Q T S N R O K P H E R O I N E B G
N C P W B O P E R I O D I C A L D K
N O D P C V E V I S S E R P P O N O
M O T E N E W E N G L A N D R W O O
H J N A C I U S W D L F U R A M V B
J E I C B L T H O A J I H E R N E S
S S O P O L A M J W Y Q G D W L L N
E P W U J N E R T E J G Y W P K I E
E I U M K S F Q E X L G K O U E S R
Y R I A T R I O I N S O R O R C T D
I I R I G E C Z R D C K H D I T A L
X T C X D P G Q Q M A E K W T O K I
Z E T Y G O F I C T I O N T A T I H
S D X A B C D M P Z D S B W N L W C
H B X I R A D E Z E R O T E A Z F I
R X E J K Y W U P G I B N C R L H I
```

CHILDREN'S BOOK

CLARENCE

DOMESTIC

FICTION

HEROINE

HOPE LESLIE

LET LIVE

NEW ENGLAND

NONCONFORMIST

NOTABLE

NOVELIST

OPPRESSIVE

PERIODICAL

PURITAN

REDWOOD

SPIRITED

Catharine Sedgwick was an American novelist in the 1800s, writing what is sometimes called "domestic fiction." She wrote spirited heroines that didn't conform to the conventional gender roles of her time, often combining that with her feelings against Puritan oppressiveness.

Diosa Costello

```
A E B C C B O M B S H E L L D F G C
D L A T I N A R I G U A Y A M A G A
P R O D U C E R V O E I Y H K B N O
N L Z Y G E O W N E R J A T M L D S
F B B V Z N I T P E V R C B S T L P
E I E G A T S O H V L H X W R R Z Z
H Z S B N E F H Y E C U Q A I L Z Q
Z J U G R R Y S M D D C K G F A E L
L N W X A T P A L X N I Y S G C S N
K P V D F A Q A W J J N M U F O V A
Z E R O N I D P B D A Z Q R A N K H
Q Y J I E N I V O M A H I O T G Y O
A J S T V E I F O D W O F E F A V S
N H U L X R C O A Y H G R O C Y F D
Z F A A D J T M H V O C Q B O T F U
T D I I N S U S Q S L C L U B T J F
L L K H K A W H U N E Z O J U R I V
C A S T R E L L O A M Q O Z N S N H
```

ARNAZ	GUAYAMA	PRODUCER
BOMBSHELL	HARLEM	SPANISH
BROADWAY	JUANA	STAGE
CASTRELLO	LA CONGA	TOO MANY GIRLS
CLUB	LATINA	
ENTERTAINER	OWNER	

Often referred to as the "Latin Bombshell," Diosa Costello became the first Latina on the Broadway stage in 1939 when she performed in *Too Many Girls*.

```
Q U Y P H E D U C A T I O N I M M A
K N E H F V V A P F J Q C O F P A M
H C P R H L H Z F K H B X M E X C E
Y X X A U D A D D G E P E Z M Y S R
O Q H W E G B F O S T C Y K A N U I
U L B U O D E V T T P A Y G L O O C
N W U X R C E S S A E C R O E V I A
G C I N E R E G P Q X T A A A E G N
L G S Y N L T E Z O I R N O C L I F
A O M E L M P Y N C V E O W A I L E
D C S E Z E P M T M S S I S D S E B
I S R L F R A R E Q B S T B E T R R
E T E X T B O O K T I J C S M F I I
S T P I I X X L Q H T I I W Y Q D T
N U P G S S K P J C Y H D S Z F U I
X I F B U W C H A R L O T T E V Z S
Z O C G E O G R A P H E R H J N I H
V I C T O R I A B C O I A B Q Q O H
```

ACTRESS

AMERICAN

BEST-SELLER

BRITISH

CHARLOTTE

DICTIONARY

EDUCATION

FEMALE ACADEMY

GEOGRAPHER

GOVERNESS

NOVELIST

RELIGIOUS

TEMPLE

TEXTBOOK

VICTORIA

YOUNG LADIES

Susanna Rowson is consider the world's first female geographer. Also a novelist, her 1791 *Charlotte Temple* was the most popular book by an American woman, and remained as such until *Uncle Tom's Cabin* was published more than 50 years later.

Josephine Baker

```
S H W T W E N T I E S Q H J F C Q M
F J C S E N S A T I O N W X U Q Q I
B O T P D S T I Z J I R I P P X W R
J E L U I Z T T N E G A O A Y W H E
A S T I E B L A C K V E N U S Y S S
Z I K R E R A D X W X T N J D H S I
Z R R R S S N B L J H A E D O Z K S
A E H Y A D B X O E T M R R C R N T
G N M U E D R E O U P C T P O B V A
E L B G Z C T N R E A S U Q F K L N
R W J I R N P A S G K E Y K R C Q C
S D R R K A L A I I E Y A O E N E E
R B Z L R I N K R Q T R A Y N X P O
T X G I Z A B T D O R R E Q C Y V U
P R S E N D P B T W I F E V H G V I
C I D A W B V A B N X H V Z N R T X
T O B B P D I S G S Z L W V C F B N
T M A M T R O P I C S A Q I V A C K
```

AGENT	JAZZ AGE	SENSATION
BANANAS	NATURALIZED	SHORT SKIRT
BLACK VENUS	RESISTANCE	SIREN
FOLIES BERGÈRE	PANTHÉON	TROPICS
FRENCH	PARIS	TWENTIES
	ROARING	

Josephine Baker was a dancer, singer, actress, and civil rights activist who found fame as an expatriate in Europe. She was also the first Black woman to star in a major motion picture, the 1927 silent film *Siren of the Tropics*.

Emma Willard

```
R Y J O A K T R D E N V Z O A O F H
N G D D A Y S T U D E N T M C Q O V
B F C M L Q D Y P R N Z N G T R U Q
X H B S T E C G P T Y H M N I S N C
Y E T J E R G H H E E C R T V V D E
J J F E R M A I A K J V O P I W E P
D K F K A Z I V S R H S R L S W D P
Q F C K I C X N E L G I N D M B R Q
O K Q F P R H V A L A E G W M O N Z
F N L I R Z O I X R E T F H M E Z Y
O R O G I L R N N L Y R U O E X O E
N T P O N B W Y C G O Y T R X R S T
B B M Z C F K T J T J E Q Z E A B Y
Z O N G I F U D K P X E U V P D C W
N A D X P J T R O Y N C I G Z P W J
O R E T A V I R P J D D E V N W A P
S D A Q L V J E D U C A T I O N Z Q
W M T I B D X L O O H C S U N M L G
```

ACTIVISM	FOUNDED	SCHOOL
BOARD	HIGHER	SEMINARY
CHARGE	LEGISLATURE	TEACHING
DAY STUDENT	PRINCIPAL	TRAVELER
EDUCATION	PRIVATE	TROY
	PROMOTE	

Emma Willard was a lifelong advocate of education, specifically for women. In 1821 she opened the Troy Female Seminary, which was the first school in the United States to offer higher education for women.

Hulleah Tsinhnahjinnie

```
Q K X U L Y K Z S S I G Z U G N J N
V L Y J P P X E B P B W Q H E L B M
R U N Z A I M F N E S T Q O K E H R
A G Q I U I U L L C A Y O E T C J M
Q P N H N Y E I G U C R L P I Z U R
U T N O Q H Y G B C O A C J F S B O
X R L M M I G P T D L G F L C L P U
O E Q F Y N D R Q A L I H O A H I G
W L J C F T I O T V A F G U O N K H
M E I L Y E R F Q I G E A T D U F R
N M Q F A R E E U S E L O I F T M O
A M N V V T C S Q C Q G A I R R I C
S U A K G R T S U T R N N R S X Q K
K S V X P I O O I A A E F N K P W F
F E A Z Q B R R P R A R H E G A U P
M U J B B A Y H T R H O P E L G C F
E M O L H L Z S T J A U A S H P Z N
G V D K V L Z K V G M Z I R L N U Z
```

BEAR CLAN	INTERTRIBAL	PHOTOGRAPH
COLLAGE	LGBTQ	PROFESSOR
DIRECTOR	MUSCOGEE	ROUGH ROCK
FINE ART	MUSEUM	SEMINOLE
INDIAN ARTS	NAVAJO	UC DAVIS
	PAINT	

Hulleah Tsinhnahjinnie is a Two-Spirit—a term for Indigenous people who have both male and female spirits—photographer and curator known for her artwork depicting Native women and families, urban Native people, and Indigenous responses to colonialist history.

Vera Rubin

```
G Y T M K C U R V E U Y H V C A U R
G T G C V F W Q T X D Y U B W J N C
H B A G R X F G U I O S B H L Z U B
W X L G E Q P F K O C C B I O C D L
V L A D T O X C X Z T G L A Q Q U X
I A X T S W R F E V O V E X I T E K
R C Y T U T N G C Z R Y M T R G H P
E I R B L Q H O E C A V I Y P P L R
M G L O C Y V E I T L X B U O Q O K
O O X H R J Q Q O T O C Q J N T C R
N L J S E N Y W P R O W M L A C F A
O O L I P T T H C O Y M N T I J A T
R M B X U A N G U L A R I N L K E E
T S E E S P W G H S Q O P Y F I X O
S O F K L R P F B R N L W T L J P O
A C F H P V T R D F T M Y D O T L R
G A L A C T I C I J W W U Y W V Y M
R M S O L E S T U D E N T W O C B P
```

ANGULAR   FLOW   RATE

ASTRONOMER   GALACTIC   ROTATION

COSMOLOGICAL   GALAXY   SOLE STUDENT

CURVE   GEORGETOWN   SUPERCLUSTER

DOCTORAL   HUBBLE   THEORY

                 MOTION

In the 1970s, Carnegie Institution astronomer Vera Rubin produced clear observational evidence that the vast bulk of the mass of the universe is invisible and unknown in origin and character. This has become known, and accepted, as "dark matter."

Cecilia Chung

```
J B U B Y H D A V Y L H A I E P L U
E N E H A E X K A A I O Z M H N H X
X A O V X G H V W I N N N M M E P N
L T N T D Z H C A P I G S I E A T X
P I L P M R E T R O T K C G Z Z O N
K O J I Q N O M E L I O W R H O E E
S N I R T F T E N I A N P A Y G W T
A A O E P M D N E C T G X N M Z X W
N L R M R H I K S Y I G A T J T N O
F S P S I B H K S K V F A X I F S R
R T J G D N D P D K E R K R H B X K
A O W R E D N E G S N A R T K Y H U
N B B E B R W I N C L U S I O N G N
N B T X O W N X W Q Z E I G Z W P K
I H H Z A V J R O T C E R I D E H K
A O I Y R J Z T W K W X M N G B L C
W E V Y D Q Y V T L G B T Q H S M V
C U G C U G T A S K F O R C E T Z O
```

AWARENESS	INCLUSION	POLICY
DIRECTOR	INITIATIVE	PRIDE BOARD
HIV	LAW CENTER	SAN FRAN
HONG KONG	LGBTQ	TASKFORCE
IMMIGRANT	NATIONAL	TRANSGENDER
	NETWORK	

Cecilia Chung is an advocate for LGBTQ+ equality, and was the first transgender woman and first person living openly with HIV to chair the San Francisco Human Rights Commission. She's the Director of Evaluation and Strategic Initiatives at Transgender Law Center.

```
A J S I S T E R R V V Q H W F P C T
U K Z D N D A M I U C L A F Z U X B
Y P X H I N V G N I N R A E L B W R
L A K T C L E K C P Y U N W J L N A
F I R S T T E A C H E R W J R I N D
A N X Q H S X Y R C B S O B K C G F
Q T K Z G N Q L K O I E T G S V N O
W I I O F W A R M L N S R S L L G R
Q N C T K F G R W L O S E A P E Q D
F G M T M V J O O E T I T R V N N T
Z I H I G H E R P G G O S A K H E C
H R C O Z B E P T E N N E H Y C N W
W Y S G N I W A R D I G H V R U R L
Q T I K M M C T L Z H F C T U N O F
I T R A L A U S I V S D Q D C Y N M
S B J U C L A S S F A D A W V E L E
R K R E V Z R S W E W P A Q G I C Z
H W Z L O H N A P P O I N T T F X U
```

APPOINT   DRAWING   SARAH

BRADFORD   FIRST TEACHER   SESSION

CHESTERTOWN   HIGHER   SISTER

CLASS   LEARNING   VISUAL ART

COLLEGE   PAINTING   WASHINGTON

                 PUBLIC

In 1783, Elizabeth Callister Peale became one of the first female teachers at an American college or university. Members of the Peale family—considered the first family of American artists— she and her sister taught painting and drawing at Washington College in Chestertown, Maryland.

Lorraine Hansberry

```
I C P P H J P V P U X D O C V J L L
C Q H N I J J L M C T V W F D T W E
S V K I I Y K C A L B E K F S K S S
T U M T C F H K D Y Z J Y W O O E B
A T C F D A I R I F W N K E S V S I
G J N X U H G B S D A R I T W N E A
E Y I D Z Q U O R I A F I L Y E K N
R J S T H T N A J O R U I G N K H I
Z W I P S U M Q S E A F T K H A U S
P J A R S A Z N E S F D N H R T C M
J G R W T V S D K P R W W L O W N F
X D O I Y G O T N W O S E A D R D G
A X S B M M I L A M A M Y T Y W E Z
I T S G P C K T H O U T O U H Q T O
I Q P O C R U V O O F Y U V D O F R
U R B A N L E A G U E J R X F S I T
X N P R R O T C E R I D D X I G G C
U C I R C L E A W A R D Q S A F N S
```

AUTHOR	DIRECTOR	PLAYWRIGHT
BLACK	DRAMATIST	RAISIN
BROADWAY	FREEDOM	STAGE
CHICAGO	GIFTED	SUN
CIRCLE AWARD	HARLEM	URBAN LEAGUE
	LESBIANISM	

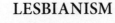

Lorraine Hansberry was a writer and playwright. She was the first African-American female author to have a play performed on Broadway. She is best known for writing *A Raisin in the Sun*, which debuted in 1959, as well as writings that focused on lesbianism and oppression of the LGBTQ+ community.

Renée Richards

```
S Z A V S R B C I R C U I T O L W R
E O Q O F E L A S T S M O P P A S O
C R D R T B C L H G M S I I H N U E
O F X I R O F E E Q D E M Q T D R J
N M N G A R J E T P A M T A H M G O
D G I H N N G R S N F A G H A A E N
S U A T S Y X E P Y V Y R H L R R D
E C P S J Z S A L A Z Q X S M K Y G
R H T E N N I S P L A Y E R O C C L
V Z E U Z H N S C N X Q C D L A R U
E J O Z Y H U I O E H G B I O S A V
Z D V A F B G G M P S E S B G E J X
X P C S O Y F N P O M N T S I J E J
U C O A C H J M E S B D S J S L O C
F O U G H T G E T U N E Y N T N G L
N M F F N S G N E E V R B Q R U T S
J K I B L I N T D T C J R V W Z G U
R X F A T H L E T E X G H I A K E K
```

ATHLETE	LANDMARK CASE	SURGERY
CIRCUIT	OPHTHALMOLOGIST	TENNIS PLAYER
COACH	REASSIGNMENT	
COMPETED	REBORN	TRANS
FOUGHT	RIGHTS	US OPEN
GENDER	SECOND SERVE	

Renée Richards is a doctor and tennis professional who made history when she competed in the 1970s as a woman after undergoing gender reassignment surgery. She's since become a spokeswoman for the trans community in sports.

Hattie McDaniel

```
J  I  I  R  S  Z  D  F  I  L  M  M  A  K  E  R  D  P
A  K  W  X  U  U  P  I  K  P  S  W  R  O  R  J  I  Q
L  W  O  X  A  A  P  T  I  T  K  O  W  A  B  F  W  H
R  B  A  D  O  C  F  P  Y  F  R  X  C  F  J  H  H  U
W  L  Q  R  H  A  Y  L  O  P  K  S  I  S  H  B  O  D
R  U  S  X  D  D  N  I  W  R  O  D  Y  P  L  G  L  X
P  E  T  P  G  E  H  W  E  N  T  W  S  U  T  Z  E  V
G  S  R  Y  A  M  E  U  Q  H  O  I  U  H  D  E  L  B
G  I  W  C  K  Y  T  Z  U  E  U  K  N  P  Y  R  D  A
E  D  C  O  M  E  D  I  A  N  R  O  W  G  Y  O  C  W
F  E  W  R  E  T  I  R  W  G  N  O  S  Y  O  T  M  W
M  S  E  G  R  E  G  A  T  E  D  A  M  U  R  R  B  O
I  K  J  U  M  N  P  U  E  X  R  M  H  E  N  L  R  O
R  F  L  D  D  Z  F  Q  L  Q  A  G  S  C  R  A  R  P
F  O  T  C  N  T  T  B  O  M  K  S  F  Q  D  N  K  R
J  N  K  W  E  R  B  M  R  G  O  N  E  I  E  K  B  W
V  T  C  B  F  X  B  F  S  M  P  D  O  H  N  S  Y  C
V  G  O  S  P  E  L  Z  G  T  G  A  M  H  W  G  D  L
```

ACADEMY	FILMMAKER	ROLE
ACTRESS	GONE	SEGREGATED
AWARD	GOSPEL	SONGWRITER
BLUE SIDES	MAMMY	SUPPORTING
COMEDIAN	OSCAR	WIND
	RADIO	

Hattie McDaniel was an actress and comedian who became the first African American to win an Oscar. In 1939 she won the Academy Award for Best Supporting Actress for her role as Mammy in *Gone with the Wind*.

Janet Gaynor

```
M L I F Y I E P I C T U R E K A W I
W Z F J A L D E C A Z D E B U T S F
H T P H O D J Y I G P K V J G H Y S
L I D H S W I F N P E W C J R M B Q
E K W H I H O V E A V A G E S Q E G
A H L P L W W D M B R I E M J W H D
D C O W E Y J A A E X D S A O I V S
R O L X N C R S E L J T U F V L U C
O E B C T D E R R E X X N I T S R R
L V T E X W X R I I B M R D N T U E
E R V N T M X K H K E L I B R X V E
U U J S I U L Q O E V T S J Z K B N
N F C C O A D D R G T N E L D M G C
H O M L T C P Q E T V S T A R G U U
S U W Q C K N L Z J H Y K X G M N F
N V X V J F P A I L L E T L H S J K
V R F A C G Y I H O T H I Y Q H I M
L B H E B B S H O R T S D I J C B T
```

CAREER	FILM	SHORTS
CINEMA	LEAD ROLE	SILENT
DEBUT	MGM	SUNRISE
DRAMA	OIL PAINTER	TALKIE
FAME	PICTURE	TV STAR
	SCREEN	

In 1929, Janet Gaynor won the first Best Actress Academy Award. This first also remains unique—it was not for a single performance, but for Gaynor's work in three films of that year.

Judi Oyama

```
E S M G E E S H H Z F R F S A W B Y
T Y Q R Z I K U Q D Y T F S Z B O H
W Y I E F L A K S U D D I E Z Z A P
J W J S M Y T E L S P A R R K B R O
U V R C A Q E G A B N O F P S J D R
N D V U S D B W L J T E R S D C R T
F B M E T Y O W O R U O U Z X H E D
I B A N E H A K M S F W T B H A S I
R S Q F R U R C A E H D E F I M C V
S H X K S Y D N S U B R V B F P U I
T E G A R V T S P O K I N H S I E S
P L Z U F A I D A E Y I M X Z O U I
L M K Y C O I R L X M E E Q D N J O
A E L R N X D E A Q H M N G M S P N
C T U A S J Y W W S X B N A Y H I V
E Z L E K B I C O N A W A R D I T N
W Q D S F H K O O R N S H C H P Q T
S O G C O N T E S T Y E Z A Y M K O
```

ASIAN	DIVISION	PROFESSIONAL
BERKELEY	FIRST PLACE	SANTA CRUZ
BOARD RESCUE	HELMET	SKATEBOARD
CHAMPIONSHIP	ICON AWARD	SLALOM
CONTEST	MASTERS	TROPHY
	N-MEN	

Judi Oyama is a professional skateboarder and the first woman, and Asian-American woman, to win the N-Men Icon Award, given to skaters who've made an impact on the sport. She is the former vice president of Board Rescue, which provides skateboards and safety equipment to underprivileged kids.

Edith Wharton

```
S Y D E S I G N E R P W R N N A A I
G Z S D T X R K K O R S N O R X F G
E Y O Y L N E W B O L D A I J Q W G
A A R Y O S S P U U W J S T I J M K
S G I L D E D A G E D T G A Z O P E
J Y O C U J O Y P H O B T T H E I M
I Z R Y N O R E Z C X A P P L D Y J
V B O O C H V P R Q S U W A P I D M
P J O N T B U A A T P Q I D L T N O
U X L Y T S C F E W J V N A J Z T I
L J I C A Y T M N P C M N X O J P U
I N H D G L A R T E F O O Z N B H Q
T H Q R E K I E O M D R C C E Z O V
Z N L F E N S Q R H X A E R S P R A
E M I R P S D G I P S L N U P R I T
R U U P P E R C L A S S C S L I C N
G G G K V J R X C M A Z E W P D C W
N N O Q U V T C W R I T E R O D I N
```

ADAPTATION	GILDED AGE	PULITZER
AGE	INNOCENCE	SHORT STORY
ARISTOCRACY	JONES	TASTEMAKER
DESIGNER	MORALS	UPPER CLASS
EDIT	NEWBOLD	WRITER
	NYC	

In 1921, Edith Wharton became the first woman to win the Pulitzer Prize in Literature for her novel *The Age of Innocence*. Her career stretched over 40 years in which she published more than 40 books.

Regina Lee

```
R U H O U S I N G R Z X J O V U D F
E A H D C A A S J U L G A D O O M H
S J B T L F M Z S S Y J C O X Z H
I I Z K N F X N X P W R B H K G Q G
D P B F W O W H I O R W R K A A K R
E K K J O R W N R D C O A Y F T F H
N H C C T D O Y B H B H G C N T Z S
T C Z A A A W U C H D T O G N E A H
X I S R N B A K G C R N H E R J E C
E O T P I L H I X K C S D O H A Y X
Y U P M H E E E V E X U X J L F P L
X P O O C N Z R R S T F O T J C N J
F D U A D H O N Y S Y H H A X E R U
Q K K Y J C O N D I T I O N S N H K
K M U O K O J B H V E F A I R T J B
P E V A C C E S S Z C Q E J O E A P
X B L S J V D C L I N I C R B R M H
I E R A C R E D L E T I I P X O K G
```

ACCESS · CHINATOWN · HEALTH
AFFORDABLE · CLINIC · HOUSING
CBWCHC (Charles B. Wang Community Health Center) · CONCERN · NEIGHBORHOOD
CONDITIONS · NYU
CENTER · ELDER CARE · RESIDENT
FAIR · STUDENT

In 1973, Regina Lee, a Chinese-American NYU college student, volunteered at the Chinatown health fair, which helped survey the health needs of the community. Later she became the Chief Development Officer of the Charles B. Wang Community Health Center.

Marie Curie

```
D L W D Q L K C N V R O S M R C N H
E C R L F V W D G E Q J J A F C O W
I R F S I W U F S L A Q F D O H B I
T A Z L H X A E R I J H Y J E E E D
J D E J C P A V F P M E R P R M K E
A I R Z S R J E R A K A O N U I E S
N U O L C U Z M W A D L O U S S Z D
S M R H E I I A C I I I M E O T M G
W R C P R B R B O S T F L A P R R Y
U S C P W D O A H U K E G H X Y P Z
X O W H E W C N B H M A Y C E M N C
V K N D G T I I P E V S M M Y G W E
I R S E I O R A N Z I M C A A I W U
N C Y V L T R T R C F R J J R K O D
U L E R N I N O I S L W I O X G G C
W Q T O S N Q S G A I L M P L M J J
P F C G N M T X B Y E F W N C I S A
S S F B G F Y M U I N O L O P Q E E
```

AWARDED   NOBEL   RADIOACTIVE

CHEMISTRY   PARIS   RADIUM

CONTRIBUTION   PHYSICIST   RESEARCH

ELEMENT   POLISH   X-RAY

LAB   POLONIUM   EXPOSURE

PRIZE

Polish-born French physicist Marie Curie was the first woman to win the Nobel Prize in Physics for her work on radioactivity. She continued with her research and was awarded a second Nobel Prize in Chemistry in 1911 for the discovery of the elements polonium and radium.

Emma Tenayuca

```
U U V Q T W O X S T R I K E W K Y W
Y V E G N C X K Y D I J Z A G Q U I
L J A O Q R W O R K E R P I D S M W
L X J I R H G I B D R O B A L E B Z
T G A M Q F D E N J F E Z D B A C Q
K A C T I V I S T D G C E J B L U L
T W S M L A T I N A U M K P X L V O
Z P H S S K V W F C S X U D I W W
M E E A P J T Q H G A R T N M A C W
P C L N L R V J V X S R O R G N F A
N A L A R L E K T F C V U W Y C W G
K N E N T F R O N T L I N E D E M E
J A R T C H T S T F O O D E S W T E
D Q M O I N L Q R P M L E B C T M A
G R S N X H U Q X J I J Q W Q M S W
K D C I O R G A N I Z E R V Y W Z G
A X T O O L E A D E R J O C B R I V
G K K K A F C T F R O N J R K Q K G
```

ACTIVIST   INDUSTRY   PECAN

ALLIANCE   LABOR   SAN ANTONIO

CROWD   LATINA   SHELLER

FOOD   LEADER   STRIKE

FRONT LINE   LOW WAGE   WORKER

                ORGANIZER

As a young labor rights activist, Emma Tenayuca was a Mexican American deeply concerned about the struggle working-class people faced and the violence people of Mexican origin experienced in Texas. She continued her organizing of workers and is best known for her work in the Pecan Shellers Strike of 1938.

Sandra Cisneros

```
D M E F H I U X S G A V I V W H H M
Q D A B C H I C A N A P O X O O Z U
S M Z N K U J G C R M I G Q R L E I
J T Y U G Q H H F C C G M C D L S C
U C S O K O Y E J E N L T P E E S R
Z P O R V S B U J I K N H V E R J E
N R R M H A R C V F E J Q S M I N E
A K L L Y U I V H S V K U A D N U K
R Y X K O N D E E U H O C J G G A U
R R U Q F T A R Y S H A J V U Q T C
A K N T W I P F I R R I I Z B D T S
T P Y O F E S N A T O B S S H Q H O
I P E F R F A Y H M M T T B F L E X
V C A T D P Z U U W I R S Y E B U I
E X B P S J R U R F E L R N D Z J P
O U I O E Q G G Q E N U Y S Q F Q D
I N T F I R V E T O O E L M H V C X
P U X B R L K Y M Q G L I H U E X A
```

CHICANA	HYBRID	SPANISH
CREEK	MACARTHUR	STORY
FAMILY	MANGO	STREET
HOLLERING	NARRATIVE	VOICE
HOUSE	PAPER	WORD
	REPRESENT	

Sandra Cisneros is an author best known for her novel *The House on Mango Street*, based on her experience as the daughter of a working-class Mexican-American family in Chicago. Among other honors, she's received the American Book Award and the National Medal of the Arts.

Dorothy Height

```
B V F U H I M C R W X M A R C H Q C
H A T W D O J U O W J O F F P U R I
M H D N B C X I P T R N D R X E M N
N D X M C R W Z B D Y M E O N E K P
S T H G I R L I V I C S G A L V U R
T T L O C N D S G N I F I R Z Z N V
X B X L F Q I O P D P S A F H Y E K
D I Y D T L Z S E E S H E E W T V C
U Y D M R N C N T A A Q A L I K V D
A D X E G C T T N R U K X S X H Q E
M U X D Z N K C X A A Q E Y J N H M
R P G A K W E A L X J T R R A P D O
J O F L Y O I I U I L I I G L I U C
T L P V B W T O I E C L P O J P X R
E X N A N Y O Q E F K D I A N F M A
B J M C O N G R E S S I O N A L G C
A A M Q S F O V O L E S N U O C L Y
V W S M P W L E A D E R S H I P T A
```

ADMINISTRATION

AID

CIVIL RIGHTS

CONGRESSIONAL

COUNSEL

DEMOCRACY

EQUALITY

GOLD MEDAL

HARLEM

LEADERSHIP

MARCH

NCNW
(National Council of
Negro Women)

OBAMA

PRESIDENT

RENAISSANCE

SPEAKER

Dorothy Height was a civil rights activist and president of the National Council of Negro Women for forty years. For championing civil rights over the course of her lifetime, she received the Congressional Gold Medal in 2004.

```
J  J  W  H  O  L  E  B  G  I  V  O  S  L  A  A  E  R
D  R  S  G  U  C  A  C  R  D  F  V  L  U  R  B  K  B
M  E  H  M  S  P  L  S  R  U  D  A  S  C  E  R  L  M
H  K  M  A  S  W  V  O  T  R  I  A  H  N  Y  O  B  V
P  Z  L  E  D  R  Y  U  R  R  C  I  I  Q  N  Z  U  G
N  T  I  D  H  A  R  B  A  K  T  T  U  D  E  Q  I  L
M  I  R  N  L  I  L  Q  L  E  N  Y  O  R  R  Y  L  X
M  R  Y  C  S  J  I  E  C  E  C  N  O  R  M  R  D  F
B  P  K  T  U  R  T  P  R  M  L  P  J  F  I  I  S
N  R  I  P  E  A  I  R  L  V  Q  Z  N  Y  Z  R  N  K
G  C  I  M  C  U  E  T  U  O  F  D  I  R  N  J  G  L
I  D  A  T  E  S  A  G  U  B  F  R  W  A  H  G  T  O
S  D  W  Q  I  V  Z  N  E  T  G  A  U  D  C  E  S  C
E  X  B  M  Z  S  R  M  F  H  E  S  I  N  G  S  C  M
D  L  K  T  X  W  H  U  I  N  T  Z  R  U  X  Y  P  W
H  P  L  A  S  N  X  F  C  C  O  J  G  O  Z  R  L  V
R  S  T  P  R  C  A  V  Z  V  Q  L  R  B  P  E  O  B
H  Q  Y  F  S  T  R  U  C  T  U  R  E  Z  C  C  L  H
```

ARCHITECT	DAME	PRITZKER
BOUNDARY	DESIGN	ROYAL
BRITISH	FUTURISTIC	SACKLER
BUILDING	INSTITUTE	SERPENTINE
CURVE	IRAQI	STRUCTURE
	LONDON	

Zaha Hadid was an award-winning British-Iraqi architect. She became the first woman to be individually awarded the Royal Gold Medal from the Royal Institute of British Architects.

Mary Anning

```
T R L U L J Q S V L V P Q R K Q O E
C J M S G Q Y H U Z L U B P R Q Q H
I N M Y C B P H B E E N W C C N Y C
S Y Z U I P S N S J M R E N D Y V M
S A F N D B R I Q Z F D O F Z Z E G
A P C P S S O E F A O Y C K U L B P
R V C R A S T W H C B C B F B E A R
U E H L A L U O F I M E E M C N W U
J T K U B U E O N L S U N A K N H A
E I R R V A S O M E Y T S J N A S S
C L B E D S B I N B W M O T T H K O
U O Y D I Q D G V T U M L R N C E R
F R W L C A F F A E O E I L I N L E
F P H Q L R H F B R S L F J W C E T
I O O O D U Z S E V N C O W M H T P
L C L J E N G L I S H Q G G G O O M
C Y E L A N D S L I D E W X Y G N P
D X Z E I C H T H Y O S A U R K O P
```

BEDS	FOSSIL	PALEONTOLOGY
CHANNEL	ICHTHYOSAUR	PLESIOSAUR
CLIFF	JURASSIC	PREHISTORIC
COPROLITE	LANDSLIDE	PTEROSAUR
ENGLISH	MUDSTONE	SKELETON
	OCEAN	

Mary Anning was a self-taught paleontologist. She discovered an ichthyosaur skeleton in about 1812 when she was just twelve years old. Known for finding giant marine reptile skeletons, she became the first to collect a plesiosaur skeleton.

```
N X E S Z A T N G B S E A P S N U C
B K X I H I E W U L T Y C O W Q L O
Q E P Y U A H X E R W W R S J Q P M
P P A C N O K N M O J H H Q S S G P
O V T G L U D E R P J H J A C C P A
D L P E N I N L S Q B W G T D A K N
N O A M N B D O Y P O A J V S K W Y
A W R G I W O J S O E J Y E D Y J L
O N I I A M N O D M A A S U J M I P
I E S R B F Z B K X C S R O W B I U
R R B W G V R J T S Y R G E R W M B
L X Y E Z I P W U L T Y M A U I Z L
O H Z E D A H I U G U O R X D W H I
S S R G Q M A A V D S Y R W G B V S
G O E X W H I T M A N U S E I M Y H
K T H E M I N G W A Y D Z N F W C E
V Y D V Y W Q C U S T O M E R L J R
M U H B B O O K S E L L E R V D I R
```

BOOKSELLER HEMINGWAY SHAKESPEARE

BOOKSTORE LENDING ULYSSES

COMPANY LIBRARY WHITMAN

CUSTOMER OWNER WOODBRIDGE

EXPAT PARIS WORLD WAR

PUBLISHER

Sylvia Beach was among the first women in France to found her own bookstore: the famous Shakespeare and Company. By the early 1920s, it became a major gathering place for English and American writers who flocked to Paris after WWI.

Gertrude Stein

```
Q X H G L I F E P A R T N E R N L N
X V E W L I M E L I G H T P Y Q E P
I C U L T L I T E R A T U R E I C O
Q E J O U L L D K X Y E M K C F N R
K A O U Z A E Y V N E S O R W Y A T
F W H F U U A P N J S B U G V T R R
O I N S S N D J D H I A X J E W F A
D P S M D O C J M O S P L D W H C I
X L H L P L A V S S F W H K E L T T
H D O P U A L O H T F N B S O T K I
O M P N Q S M O D E R N I S M T J Z
H L K R I O M E M I S A U Q Q L N W
H U I O W F Z K O O J P L F M H X H
P J N O R O T C E L L O C M U I X O
Y N S J G E G Q P E X U T C S M C L
B A K C V A Z A L I C E B Z N G H E
E W G L Z P N W T C Y Z M U I R Q V
K M L S E T F V Y U C P X U D K C U
```

ALICE	JEW	PORTRAIT
COLLECTOR	JOHNS HOPKINS	QUASI-MEMOIR
CULT-LITERATURE	LEAD	ROSE
FRANCE	LIFE PARTNER	SALON
HOST	LIMELIGHT	TOKLAS
	MODERNISM	

An expatriate writer, Gertrude Stein was an inspiration to many who visited her fabled Paris apartment seeking her critique of their artistry during the 1920s. Her own abstract, repetitive prose inspired many playwrights, composers, poets, and painters of the time.

```
E P F A L B R I G H T G R O U P U E
C Z E C H O S L O V A K I A Y F S G
P M E D A L O F F R E E D O M E A Y
G E O R G E T O W N D J F B C S C S
U C T H X M U A U H Y I Z R X I B T
N T N A R G I M M I R B E V L W I R
I R U T J E J D I S B T J O C D U A
T S S O R Q U N T Z A A P U O L W T
E D S X R R A F T R N N Z R N R N E
D A P X T E E I Y Z G E G J S Q T G
N T C N Z M Z O D I W L B D U O A Y
A G P A A F F C E E H I Q K L S M P
T T S L D S W R K H O P U H T H O S
I T E E T E O F B I L N I P I C L T
O Y L A W F M W N M E P Y U N R P E
N A T X M O V I H U J H N C G R I Q
S E F R D Z L P C Q X D N I F O D G
K A T X B R N A U M J Z H S L W R H
```

ACADEMIC

AIDE

ALBRIGHT GROUP

CONSULTING

CZECHOSLOVAKIA

DIPLOMAT

FIRST FEMALE

FOREIGN POLICY

GEORGETOWN

IMMIGRANT

MEDAL OF
FREEDOM

PHD

PIN

SECRETARY
OF STATE

STRATEGY

UNITED NATIONS

In 1997, Czechoslovakian-born Madeleine Albright became the first woman to serve as US secretary of state. Earlier, she was US ambassador to the United Nations.

No. 1

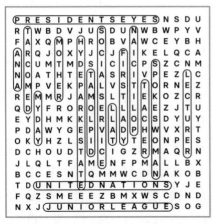

No. 2

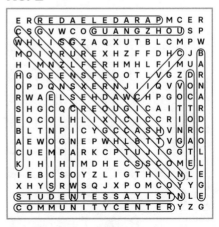

No. 3

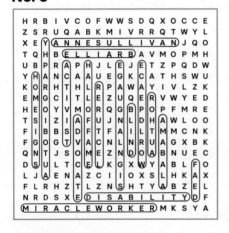

No. 4

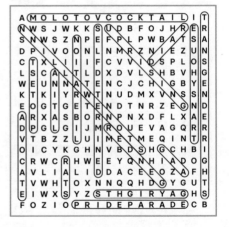

No. 5

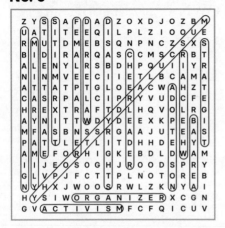

No. 6

No. 7

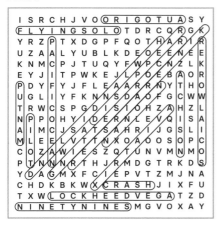

No. 8

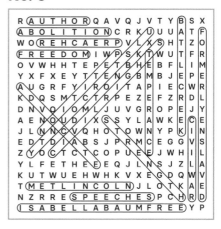

No. 9

No. 10

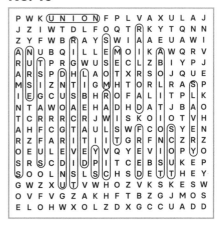

No. 11

No. 12

No. 13

No. 14

No. 15

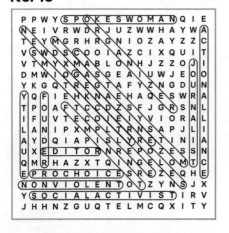

No. 16

No. 17

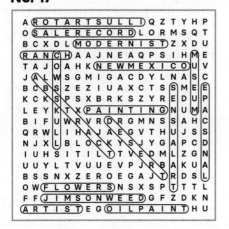

No. 18

No. 19

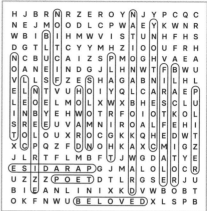

```
F A N I T C S N A E L R O W E N H K
T H R E E H U S B A N D S M L I A W
Y T Q T O N V D K L E D J O J Z R A
O W Y H R E U N I O N S P Y G W R N
K I Y R E M C I V I L W A R T W I A
C C G E Z S E A M S T R E S S P E M
F E V E F R E N C H M O T H E R T O
P W D C T O W Y Z R K J Z X J S W R
N O U H V D Q H Q P C X H O N P O A
M U W I O Q I E O F O N Q J O A O H
T N X L G T J J O L T J O S V N D C
N D D D H C O T G C E D T W E I F W
Y E A R B R E V E T M A J O R S N O
R D G E O J E Z G F N E V X D H J P
C E J N M I S S M A J O R G O O S Z
L N R Y M R A G C C H O Y Z S I J U
R D U G D A C T R E S S L G E W V O
N U G O C F H V Z C I W T O S N C V
```

No. 20

```
H J B R N R Z E R O Y N J Y P C Q C
N E J M O O D L C P W A E Y K W N R
W B I B I H M W V I S T U N H F H S
D G T L T C Y Y M H Z I O O U F R H
N C B U C A I Z S P M O G H V A E A
O V L S F Z E S H A G A B N I L H L
E L L N T V U H O I Y Q L C A R A E P
L E O E L M O L X W X B H E S C L U
I N B Y E H W O T R F O I O K O L I
S R E E U V A M N I R O A L F E H I T
T O L O U X R O C G K K Q H E D W Z
X C P Q Z F D N O H K A X C M I G Z
J L R T F L M B F T J W G D A T Y E
E S I D A R A P G J M A L O L O C R
U Z Z Z P O E T D T L R G S E R J U
B I E A N L I N I X K D V W B O B T
O K F N W U B E L O V E D X L S P B
```

No. 21

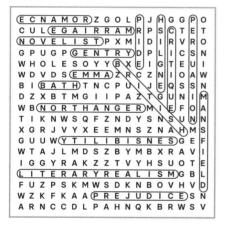

```
E C N A M O R Z G O L P J H G G P O
C U L E G A I R R A M R P S C T E T
N O V E L I S T P X M I D I R V R O
G P U G P G E N T R Y D P L I C S N
W H O L E S O Y Y B X E J G T E U I
W D V D S E M M A Z R C Z N I O A W
B I B A T H T N C P U I J E Q S S N
D Z X B T M G I I P A Z T G U N I M
W B N O R T H A N G E R M E F O A I
T I K N W S F Z N D Y S N S U N N
X G R J V Y X E E M N S Z N A H M S
G U U W Y T I L I B I S N E S G E F
W T A J L M D S Z B Y M B X R A V I
I G G Y R A K Z Z T V E N V X S U O T E
L I T E R A R Y R E A L I S M G B L
F U Z P S K M W S D K N B O V H V D
W Z K F K A A P R E J U D I C E S N
A R N C C D L P A H N Q K B R W S V
```

No. 22

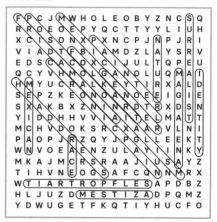

```
F P C J M W H O L E O B Y Z N C S Q
R R O E O E P Y Q C T T Y Y L I U H
X C I S O N X P X N C P J N P J R I
V I A D T F B I A M D Z L A Y S R A
E D S C A C O X C I J U L T Q P E U
Q C Y V H M O L G A N O L U Q M A I
H M Y U C R A L K E Y T I R X A L D
S E P Z K E O N O A N O E E I G I E
S X A K B X Z N I N R D T R X S E N
Y I D D H H V I A I T E L M A T I T
M C H V D O K S R C X A A R V L N I
P A O P J R Z Q Y J P G L L E E K T
W N V O E A E N Z U L A Y I I N K Y
M K A J M C R S R A A J I U S A Z Z
T I H V N E O G S A F C Q N N M R X
W T I A R T R O P F L E S A P D B Z
H L J U Z D M E S T I Z A D P Q M Z
Y D W U G E T F K Q T I Y H U C F O
```

No. 23

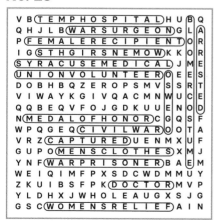

```
V B T E M P H O S P I T A L H U B Q
Q H J L B W A R S U R G E O N G L A
P F E M A L E R E C I P I E N T O R
I G S T H G I R S N E M O W K K O R
S Y R A C U S E M E D I C A L J M E
U N I O N V O L U N T E E R O E S T
D O B H B Q Z E R O P S M V S M E E
V I W A Y K G I V Q A C M N W U C R
Q Q B E Q V F O J G D K U U E N O S
N M E D A L O F H O N O R E Y S X I
W P Q G E Q C I V I L W A R O O T A
V R Z C A P T U R E D U E N M X U F
G U P O M E N S C L O T H E S X M J
Y N F W A R P R I S O N E R B A E M
W E I Q I M F P X S D C W D M M U Y
Z K U I B S F P K D O C T O R M V P
Y L D H X J W H O L E A U G X S J G
G S C W O M E N S R E L I E F A I N
```

No. 24

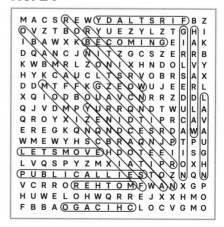

```
M A C S R E W Y D A L T S R I F B Z
O V Z T B O R Y U E Z Y L Z T G H I
I B A W X K B E C O M I N G E I A K
D Q A N C J N I T Z G C S Z E R R B
K W B M R L Z O N I X H N D O L S Y
H Y K C A U C L T T S R V O B R S A L
D D M T F F K G Z E O W U J E S E R L
X Q I O D B O U A V C N R R Z D D L A
Q J V D M P Y U R R Q N D T W U L A V
Q R O Y X I Z E N I D T I P R C A W A
E R E G K Q N Q N D C E S R D A T P U
W M E W Y H S C B R A Q N J P U G H
L E T S M O V E H D O T E E I I S G
L V Q S P Y Z M X I A T I P R O X H
P U B L I C A L L I E S T O Z N P
V C R R O R E H T O M F W A N X G P
H U W E L O H W Q R R E J X X H M O
F B B A O G A C I H C L O C V G M O
```

No. 25

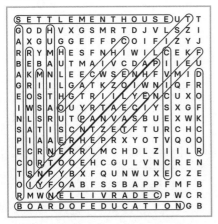

No. 26

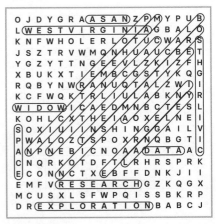

No. 27

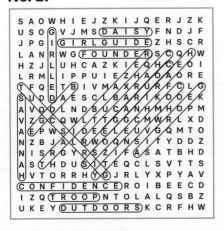

No. 28

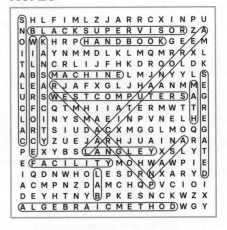

No. 29

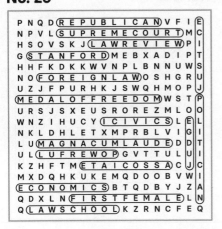

No. 30

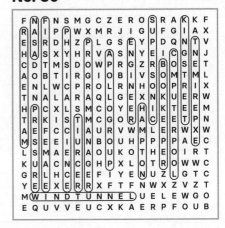

No. 31

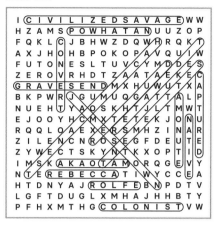

```
E P V X N C T V S H O W V F S S U P
C O R D O N B L E U E P R V T W P V
L R E S E A R C H E R E B R R U F Y
B A O E G T V S B A N Z A K A E C V
G Y X U A H O Q T C D U Y O T C A Q
F E V Q X S C P H T T X O R E N M A
A Y E F I N K F S H K O F Y G E B D
S U Z U A E O C O E K E K J I V R W
Z Y C V F O U R U B C Q P Y C O I G
U E G H D W G K O X Y R F J S R D C
X L R W T G X O I M C A E Z E P G V
B N F O S K K C P G H U S T R N E W
S M A I L L I W C M E U Y A V C K P
B E C K C P A R I S F L X P I E I O
Y T C Y Z S B F P O N K N S C B S N
C M F T K I T C H E N K Z E E S U O
Y W H O L E N Q Z W X N G I Q A B A
K O U I M S N J N Y G H V O D F B C
```

No. 32

```
I C I V I L I Z E D S A V A G E W W
H Z A M S P O W H A T A N U U Z O P
F Q K L C J B H W Z D Q W H R Q K T
A X J H O H B P O K O P A V Q U I W
F U T O N E S L T U V C Y M D D E S
Z E R O V R H D T Z A A T A E K E C
G R A V E S E N D M X H U W U T X A
B K P W R J G U M U Q G A T T A L P
N U E H T Y A O S K H T J L T M W T
E J O O Y H C M X T E T E K J O N U
R Q Q L O A E X E R S M H Z I N A R
Z I L E N C N R O S E G F D E U T E
Z Y W E C T S K Y N T K X O P T I D
I M S K A K A O T A M O R Q G E V Y
N T E R E B E C C A I W Y C C E A
H T D N Y A J R O L F E B N P D T V
L G F T D U G L X M H A J H H B T Y
P F H X M T H G C O L O N I S T V W
```

No. 33

```
J W U O H M W W N Y S N D Z K F J M
M L W H O L E G F C P A J E C O F L
C H I M P A N Z E E M E N R V L O B
Z M P N H H J G N E Y V Z O H J V C
F R M V G B E V R E S B O I U S V P
C O C O N S E R V A T I O N B B G M
B B E P Z K R E S E A R C H M Z R R
E C A E P F O R E G N E S S E M E Y
Q L E A N T H R O P O L O G Y A Y P
W V D P G O G U T V N B X U Q J V R
P R I M A T O L O G I S T U D Y E P
H O D M U Y O X Z C M C A X O C A F
F F V F I E L D J O U R N A L E R Y
W E X H J O V F E A A Y X J W T D H
F Z L W F L O I N S T I T U T E J G
N A I R A T E G E V M P V P F H Y W
G O H A T A N Z A N I A N P R X F D
N F J H R U S T Y N G O M B E F G M
```

No. 34

```
C L O F Q P O E T E S S Z O G R F Z
B P M M F B B C X A I A E V Z I E Q
O U G P L E M E A T A T R V A O T A
S B C M L Z L F N M L O A M T E T
T L S L I E S E H E B I G R X B M U
O I G Y C G S B Y M I I T A P O A W
N S D Y J I S R X E C E M O B K N D
V H P R R A E A T V P R B U M Q C R
V E P E D C N T S O E A I S J H I C
R D C V E G S E E M A R R S A D U A
D D K A T F L D N X T Y L U F I A S
B Y T L A D A D E M A M Z B A N T F
L W Q S C M V I I G S M O B J C L E J
H H O I U I E V A I E T F E N P D S
G O Z T D U D I U T T H E C T K U B
I L W N E B G N V F E E Q T C W J F
B E P A Q Q K E W I R R R S K Q N K
I C C Z V A B Z W V J A M Q Z T F E
```

No. 35

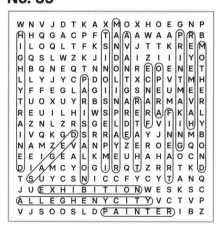

```
W N V J D T K A X M O X H O E G N P
H H Q G A C P F T A A A W A A P R B
I L O Q L T F K S N V J T T K R E M
G Q S L W Z K J I D A I Z I I I Y O
H B Q N E Q T N N O N R E O E N E T
L L Y J Y C P D O L T X C P Y V T M H
Y F F E G L A G I I G S N E U M E E
T U O X U Y R B S N A R A R M A V R
R E U I L H I W S P R E R A F K A L
A Z N L Z R S G E L D T F V I I H
I V Q K G D S R R A E A Y J N N M B
N A M Z E V A N P Y Z E R O E G Q O
E E I G E A L K M E U H A H A O C N
D I A M C Y O G I R Q T Z R R T K D
T S U Y C S N I C C F Y C Y T A N Q
J U E X H I B I T I O N W E S K S C
A L L E G H E N Y C I T Y V C T V P
V J S O O S L D P A I N T E R I B Z
```

No. 36

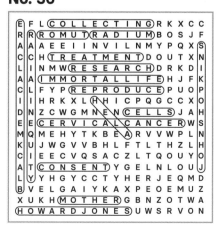

```
E F L C O L L E C T I N G R K X C C
R R R O M U T R A D I U M B O S J F
A A A E E I I N V I L N M Y P Q X S
C C H T R E A T M E N T D O U T X N
L I N M W R E S E A R C H D R K D I
A A I M M O R T A L L I F E H J F K
C L F Y P R E P R O D U C E P U O P
I I H R K X L H H I C P Q G C C X O
D N Z C W G M N E N C E L L S J A H
E E C E R V I C A L C A N C E R W S
M Q M E H Y T K B E A R V V W P L N
K U J W G V V B H L F T L T H Z L H
C I E E C V Q S A C Z L T Q O U Y J
A T C O N S E N T Y G E L N L O U J
L Y Y H G Y C C T Y H E R J E Q M D
B V E L G A I Y K A X P E O E M U Z
X U K H M O T H E R G B N Z O T W A
H O W A R D J O N E S U W S R V O N
```

No. 37

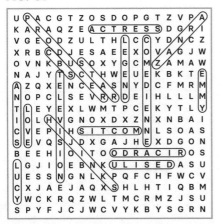

No. 38

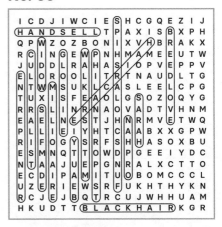

No. 39

No. 40

No. 41

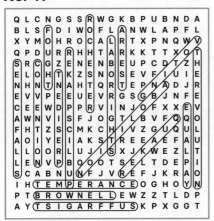

No. 42

No. 43

```
F R O B P Q Q R W Q V B Z E R O P Z
X E G Y D R K H I P F L G B T Q Y R
Y C A I E Y S H U T T L E U U O T M
X A T H O M S O N V U P B J I R I M
L P A S T R O N A U T G B F A S B E
H S L T A U B T F Q Y P Y I S S X A
X S R R Q B W H O L E E N I Y K D Z
I U I K I S L R P G G I O U U P V Q
C H A L L E N G E R N N W H W W O D
W M F L L D K C N G Y B W I Y Q F E
H V N S C A T T E R I N G K Q F L L
N N O N L I N E A R O P T I C S I Z
P H Y S I C I S T J G K N V H C G G
G B Y O U N G E S T P Y P Y C H H R
R I T B W K Y F K M W M H W T V T U
J U C O H X W T S T A N F O R D U I
T I I O X N C P W C O Z W O K W C L
Z R N F X E N A S A M C Y B G Y U V
```

No. 44

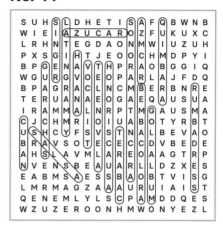

No. 45

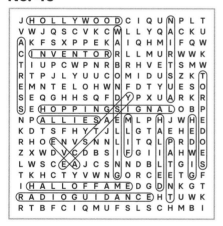

No. 46

No. 47

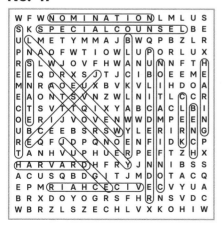

No. 48

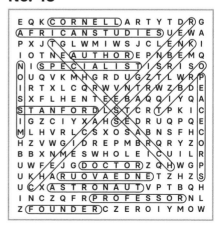

No. 49

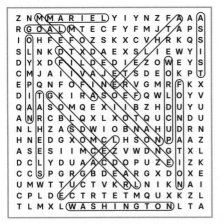

No. 50

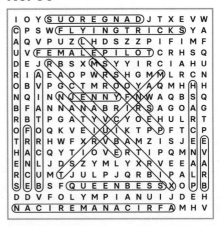

No. 51

No. 52

No. 53

No. 54

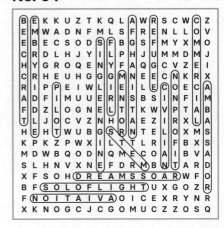

No. 55

```
Y Q K F E A T H E R J K K O A C D D
G R Y P L L O F Q G X F Q T E Z Y V
O D O Y T D E T E C T I V E J G T T
L S B T Q V S F O T O Y Q A L F E A
O E C S S Q M H W B I R D M N I F X
H J L M C I J J N L B Y Z S G N A I
T X I I A H H J U D I S P L A Y S D
I C X T Q P M L B J K B S U Y E T E
N M I H Z T W U A Q C B E X G E H R
R Y Q S Q D M H I R L E O Y Z S G M
O T J O N Y P P O E U Y U B I E I I
Y R Y N P E T L N L B T M H C I I L S
Z E X I B Z R T H A E Z A M N C F I
Q P W A C Y I O L D L E J N Z E K B
T X L N V S K D F G S R G T P P B Q
I E G C T D I N L V X O S K S S V F
W N D R O X I E M E T H O D O J E S
F B M I C R O S C O P I C Q P T I L
```

No. 56

```
P Q U O H O H W H O L E W O U O X S
J X X P O F L H F A Z A W A B R X K
B K V P T Y T T Z H V W U C B E C L
J T P D K O L Y M P I A N K L V Q E
C E L T Z E Y Z R J Q O G A A E N G
C N Z R E V Z K T F S M P C C F D X
O N X A R S K E X L T R R S K T E A
L E H C O H X P A S R H A Q A E X A
L S D K O S R D B P D K W U T L J C
E S W A A K E O M R A R D L H Z Z J
G E R M U M J L C I U Q P C L A I E
I E V U D I B R O N Z E P O E C Z L
A V Z L N M I T L T P J M I T S D M
T W O V W N E I V O M V T E L N Z
E G I W C A E M B O I L O P D I E Z
O X W O R L D R E C O R D S G G I W
T Y J E X M G Q S H S A D W F R F U
P G U N O F W E X T F S Y J P R W Q
```

No. 57

```
W H O L E G G U A T G S P N L W C L
X F P I L S W E V S W Q A R V I N H
J O O R R C U C O M W S P I G I X N
H N S F I I P J U L R E P O R T E T
M A M C N E Z N V R O R T G R Y X T
X T B J D N E W S H A G Z E S G A Z
W U B K W T R K A M F T Y V P C W Z
G R X W P I O W U E L A O D E A B Y
M A L A R F V C N D L P B R C L C B
I L Y I D I M O A B E I L S I C K K
N H Q D A C T L Z T A C T Q M U Y N
E I W E L S N E H H A N Z U E T S L
R S I V D Y N C R H E L S L N K A Q
A T C U T G E M Z D C E O E K B M J
U O R E I M P U Q U U I G T A P G
L R N A U U V T P M F Y M G A D L W
B Y C E Q E G E M S T O N E O E E P
K G C B V B U Q R D B Z Z R I R Y P
```

No. 58

```
N R Y C A E D T O U R R M Q G F F B
F F R R W G B V L H H A G S B J W N
J I M C H K L A A F L T U L S O O R
S M T I O A S B S X P A V S I J M
Y W T N L L I A D V E C M N T L B P
C Z Y T E Y O N U R K N L A D W O B
A E Y I C S A R S P Z I R C E H A Z
G R R O W R S T L H X I Z T H R C
E O C U G V A A F P G M W E L D E M
L I T T R Y B V S N H T O R G M M
K F A R S E Y J N A U E Q G M T E M
E T A E R L D I K E T G W P I J M V
P Q W A S P O T U D L A A A N A B M
M P K C L N A T I O N A L S E R E C
P C R H S I N N E T J X C T D T R Y
G E J A R J D Z K Z G O L F R Y A T
Y T I K C H A M P I O N S H I P N M
C A U S O P E N H B R A F N L F C J
```

No. 59

```
Q M L E U L C S G S C B C N D K J M
U O E N V I R O N M E N T W L R F Z
I R U F L P J E C I F F O X O B E M
N H F Q O A F C Z T R Q F R A Z Y
S W J S L L O D H Q O N A L Y H E Y
R I N G L E T S I O A P N Y Y U Z U
K Z L S X W H O L M R F A H K P F S
L X N G T V Y M D U S A H U J A O D
D S G F A V W F S A K W G B Y T P E
L G D A N C E P T B P A E U Y O T L
Q C Z F K H B L A I V R V H L V F E
H B T Z W T Q G R V H D E L X L E G
J F L O C O T O R P Q M U P U Q I A
W S T A T E D E P A R T M E N T N T
A M B A S S A D O R I C T O W I A E
V R O R G D G K X Q Q D K Q E A I
U M O V I E S O N O H G P C Z A W H
V B K T A M O L P I D O M R B K M B
```

No. 60

```
F Q H I J A B P C E Z J C Y U Z A D
L B M A S K D E L O H W U X W W L I
O M U C H F E N C E R I R R B T L V
C K T O L E R A N C E A X C M N A E
D N I M Y D B A E L T E Q Y O H M R
C L G D E Q U O P B Z O M I N B E S
X V E F J D K L F H Q P P A W R I T
N M B J Y F A W E Z C M H R P P I Y
U U G R J T O L N Y A V B Y U D C
H S K D M K T V I H B I N H J J A O
O L R F Q Q P B C S E A S L B K N O
U I S C I P M Y L O T A I R J Z A
G M H M R Z W N R M B W X W O Q S V
A U T F E R V X A R R I D N V J D
M Z K R M K G Q E N X I K Z Z E S
E V O J K Y S U C I L D C K E Q D D
S D F G N I K N A R D L R O W J B P
D I R P O M K F U G Y B P L T D M A
```

No. 61

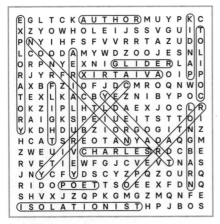

No. 62

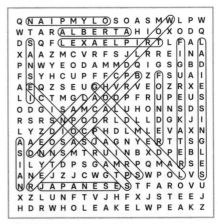

No. 63

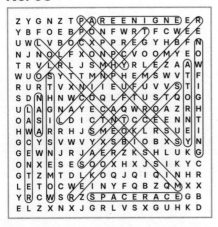

No. 64

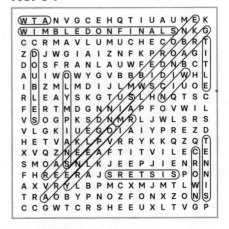

No. 65

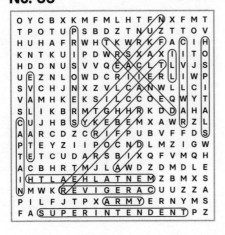

No. 66

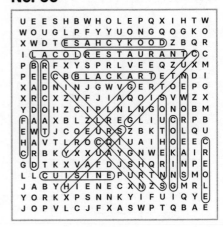

No. 67

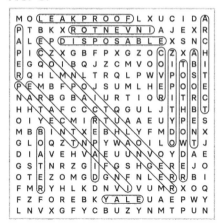

No. 68

```
P O T W X U D B C G Z E R O N L X M
X O S R I F O I U Y A D W J A M L W
L R M E N D K E E C J H D M X F A F
U L O D E S U T N M O R E R I A R W
W W J N I M A S A L T S J L C O G L
E F J I G V B Q E F O B L N E N E L
K C R R H Y I H V A S M O T R I Q Q
C N E G B J X U M O O B O V I L U D
O W H B O I U E Y R A I B V F O A L
R B T F R Q R Z E T M T B L P M N S
B J O F S I X A I M A S B T Z O T E
M B M T C E L R I B C M P I F N I L
E A H A L Z G B Q N F A W R R T L L
A R N P I P R V D U K M N J B J I K
L N N M X A J F S J K N R A E C E F
V Y I U N U P M C T B I O U A S S Z
I S H T T O R T I L L A C H Z N B S
T F J C O N C E P C I O N P K Z J N
```

No. 69

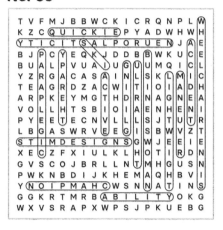

No. 70

```
B L A C K B I L L I O N A I R E L W
L S D J Z C V K K M Z V D O P X H O
B G K L A Y O O R I E X V L G C B H
S X K Y I Z M A J J R E E V H I F S
H I Y C D Y R C N C O H C A Y Y F K
G L N X E F D N C W L H R H H X T Z
A F O C M D N C W L H R H H X T Z A
B J I O F G F B E Y W O I V D P Q T
J C T R O E A S V O C L R C R F C P
D H A P N E U I M B A H E M X R P I
B I C A E F L A L N A O R O Y P Y I
U C I H E O N P T R J X A F W T P Z
C A D V U J L H P C C O I H C N Z N
T G N T Q J R O O Y R D O O I W U T
C O Y L J O P F I L I L U D J F G Q
N Q S O P V K B J W E C L N S B S Y
Q G T Y L R I L M E H N B U F M W V
E S S U P E R S O U L Q D U F W S Z
```

No. 71

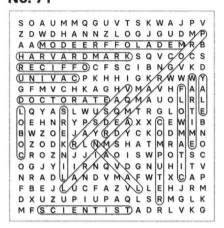

No. 72

```
```

No. 73

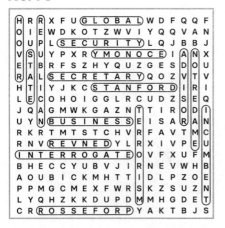

No. 74

No. 75

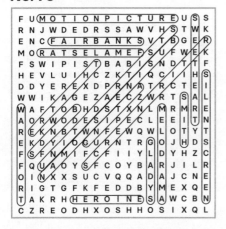

No. 76

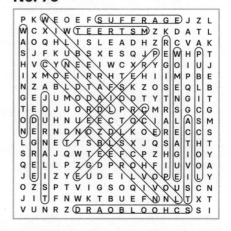

No. 77

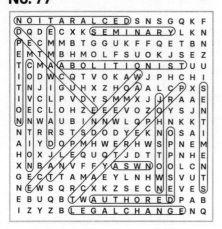

No. 78

No. 79

No. 80

```
L P E N N Y S A V I N G S R J S C P
I L R O W V U T G W W Z D Y E R R W
W A P S M S E A V L E A D E R I S J
U F U X U A D D H F Q C K V C C W C
J A R B C N K O Y I Y V H H B U Q
G F E H L D O J C M L P M O G C J F
N U E J D A S O O J W O O K O U A Z
F R R B T O C N K H N L K E I C R I
C S E A T N O K C D F L P E C L N J
I H N S C A A B O N R I O W E Q P
M Z S K E T Y C R U E P U L W G C D
M H I H Y I L G W S S N O S T H V D
A D L I G I I U I I I P W A Y F G
O D B W Q R Z D K I S A N R E K Q A
U Q U X L I E T N E P B T E N R O G
J J P S D N N G N E V E M L S O M
O P V M T L N F R W R T I T S S Z L
V N Q Q J D J T O Y F U L O M Q I P
```

No. 81

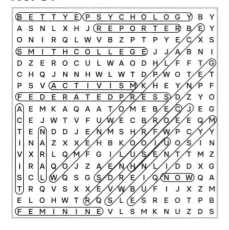

No. 82

No. 83

No. 84

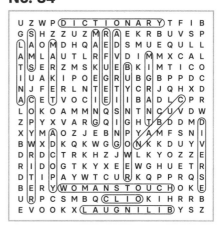

No. 85

No. 86

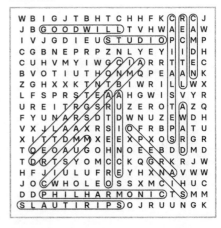

No. 87

No. 88

No. 89

No. 90

No. 91

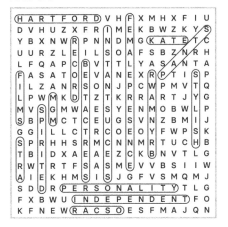

No. 92

No. 93

No. 94

No. 95

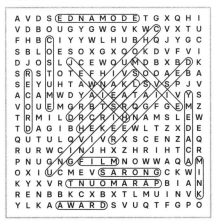

No. 96

No. 97

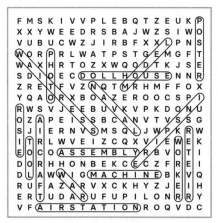

No. 98

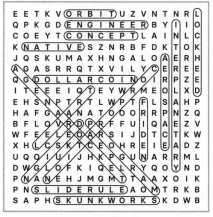

No. 99

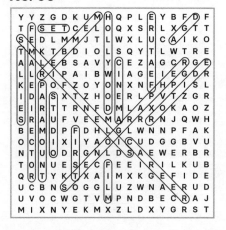

No. 100

No. 101

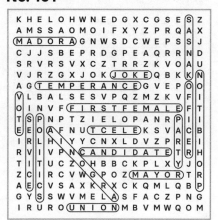

No. 102

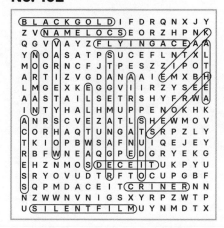

No. 103

```
U I V O I C E C O S Y S T E M N S G
P A C B F W I L D L I F E S V S W L
E V E R G L A D E S Q N O I C X A O
E K K Y F D P T E V R E S E R P M N
E M G N E L D V U G C S B E B S P K
H C J F N O F L O R I D A N I X W T
X D Z B V N A T U R A L P O K F L Q
B H Z M I K M Y W C K U S B R A R E
W X H Y R W E L L E S L E Y C E O V
N A T I O N A L P A R K X M D F V T
Z E R O N L X L B J C W B C K S H K
T N O U M X N I Y N H Z R P T R I Y
W U V D E O U F C O K O N R E D D F
E M E P N R C F L N S X D A D E B R
P D C N T E R E Z S A R T J X H T H
M H F R I V E R O F G R A S S D X D
P B E C R U O S E R Z M D F R U C V
R A H S N O I T A V R E S N O C J G
```

No. 104

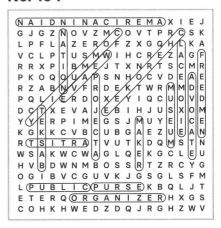

```
N A I D N I N A C I R E M A X I E J
G J G Z N O V Z M C O V T P R C S K
L P F L A Z E R O F Z X G O H L K A
V C L P T U S M W I H C R E Z A G F
R R X P I B M E Y T X N R T S C M P
P K O Q O U A P S N H O C V D E A E
R Z A B N V F R D E K T W R M M D V
P Q L I E R D O X E Y I Q C U O V D
D C T X E V A J E B I H J U S X O I
Y Y E R P I M E G S J M U Y E I C E
K G K K C V B C U B G A E Z U E A N
R T S I T R A T V U T K D Q M S T N
W S A K W C W A G L Q E K G C L E U
H V B O W N M B O S S R T Z R C Y G
O G I B V C G U V K J G S G L S F M
L P U B L I C P U R S E K B Q L J T
E T E R Q O R G A N I Z E R H X G S
C O H K H W E D Z D Q J R G H Z W V
```

No. 105

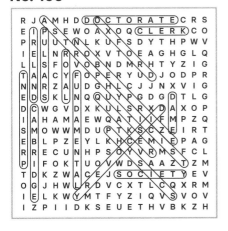

```
R J A M H D D O C T O R A T E C R S
E I P S E W O A X O Q C L E R K C O
P R U U T N L K U F S D Y T H P W V
I E L N R R O X V T O E A G H G L Q
L L S F O V O B N D M R H T Y Z I G
E A A C Y F O P E R Y U D J O D P R
T N R Z A U D G H L C J J N X V I G
E D S K L N Q Q U Y P G D G D T L G
D C W G V D X K U L S R X D A X O P
I A H A M A E W Q A T I X F M P Z Q
S M O W W M D U P T K S C Z E I R T
E B L P Z E Y L K H X E M I E P A G
R R E C U N H P S O Y V R M S F C L
P I F O K T U O V W D S A A Z T Z M
T D K Z W A C E J S O C I E T Y E V
O G J H W L R D V C X T L C Q X R M
I E L K W Y M T F Y Z I Q V S V O V
I Z P I I D K S E U E T H V B K Z H
```

No. 106

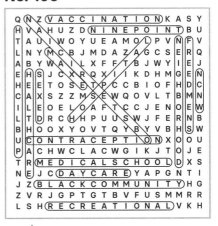

```
Q N Z V A C C I N A T I O N K A S Y
H V A H U Z D N I N E P O I N T B U
T A U I W O Y U E A M O L P V N F V
L N Y M C B J M D A Z A G C S E R Q
A B Y W A L X F F T B J W Y I E J
E H S J C X R Q X I I K D H M G E N
H E E T O S E T P C C B I O F H D C
C A X S Z Z M S W Q O V L T B M N
I L E O E L O A F T C C J E N O E W
L T D R C H H P U U S W J F E R N B
B H O O X Y O V T Q Y B Y V B H S W
U C O N T R A C E P T I O N X O O U
A C H W C L A C W G I K J T O J E
T R M E D I C A L S C H O O L D X S
N E J C D A Y C A R E Y A P G N T I
J Z B L A C K C O M M U N I T Y H G
Z V R J G P T G T B V F U S M M R R
L S H R E C R E A T I O N A L V K H
```

No. 107

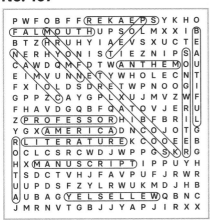

```
P W F O B F F R E K A E P S Y K H O
F A L M O U T H U P S O L M X X I B
B T Z H R U H Y I A E V S X U C T E
N E R H Y O N I S T I E Z N I P S A
C A W D Q M F D T W A N T H E M O U
E I M V U N N E T Y W H O L E C N T
F X I O L D S D R E T W P N O O G I
G P P Z C A Y G P L X U J M V Z W F
F H A V D G Q B F Q A T V J E R U L
Z P R O F E S S O R H I B F B R I L
Y G X A M E R I C A D N C O J O T G
R L I T E R A T U R E K C O O E E B
O C L C S R C W D J W P P G S K P R
H X M A N U S C R I P T I P P U Y H
T S D C T V H J F A V P U F J R W R
U U P D S F Z Y L R W U K M D J H B
A U B A G Y E L S E L L E W Q B N C
J M R N V T G B J J J Y A P J I R X X
```

No. 108

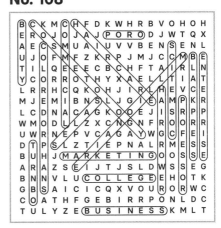

```
B C K M C H F D K W H R B V O H O H
E R O J O J A J P O R O D J W T Q X
A E C S M U A I U V V B E N S E N L
U J O F M F Z K R P J M J C C M B E
T I L Q E E C B C H F T A I R L I T
Y C O R R O T H Y X A E L T I A C E
L R R H C Q K O H J I R L H E V C E
M J E M I B N S L J G I E A M P K R
L C D N A C A G K O O E J S R P P R
W M O D U L Z X C N G N F R O O F I
U W R N E P V C A G A Y W G C C F S
D T P S L Z T I E P N A L R M E S S
B U H J M A R K E T I N G O O S S E
A R A Z S E I J T J S L D W S S E
B N N V L U C O L L E G E E H O T K
G B S A I C I C Q X V O U R O R W C
C O A T H F G E B I R R P O N L D C
T U L Y Z E B U S I N E S S K M L T
```

No. 109

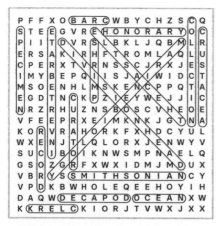

No. 110

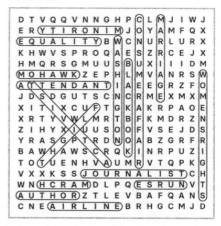

No. 111

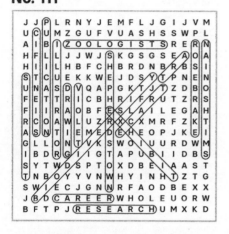

No. 112

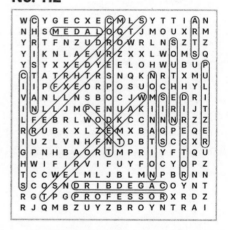

No. 113

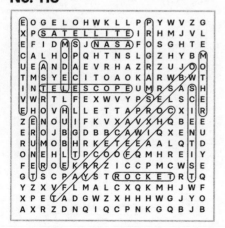

No. 114

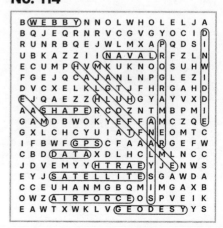

No. 115

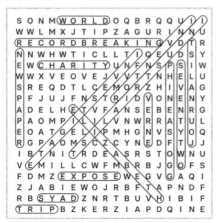

No. 116

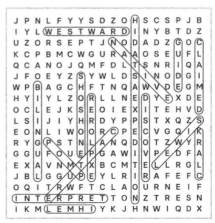

No. 117

No. 118

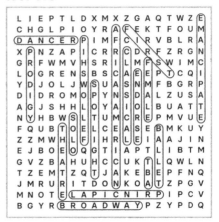

No. 119

No. 120

No. 121

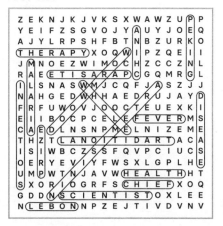

No. 122

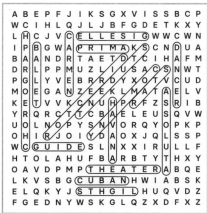

No. 123

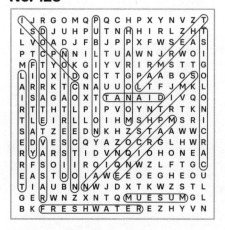

No. 124

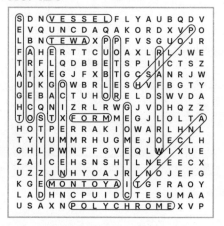

No. 125

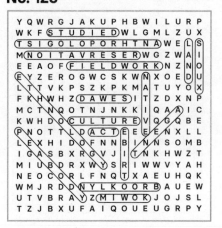

No. 126

No. 127

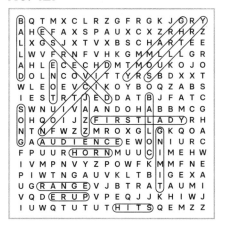

No. 128

No. 129

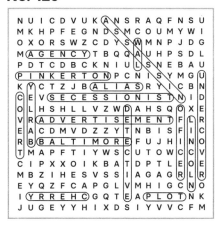

No. 130

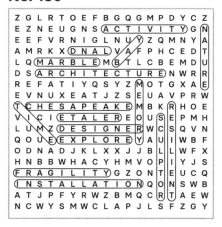

No. 131

No. 132

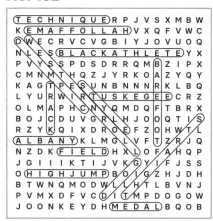

No. 133

No. 134

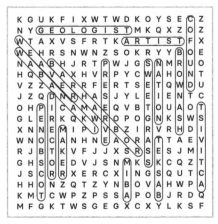

No. 135

No. 136

No. 137

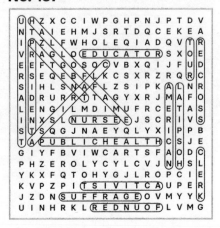

No. 138

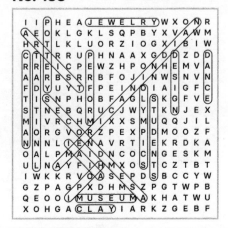

No. 139

No. 140

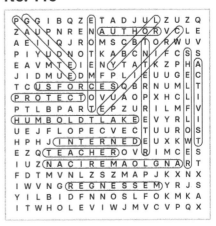

No. 141

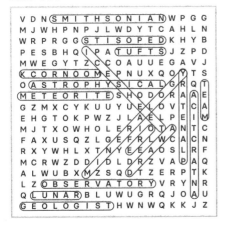

No. 142

No. 143

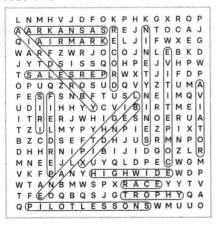

No. 144

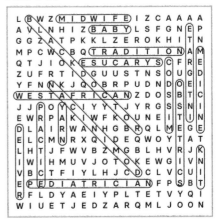

No. 145

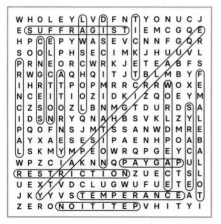

No. 146

No. 147

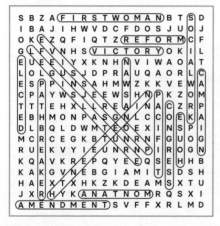

No. 148

No. 149

No. 150

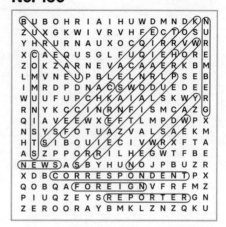

No. 151

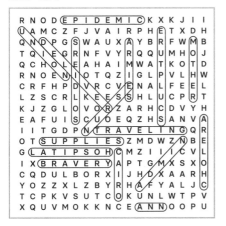

No. 152

No. 153

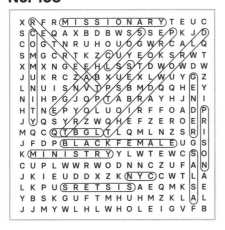

No. 154

No. 155

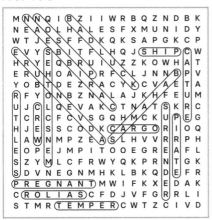

No. 156

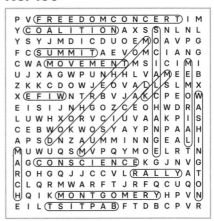

No. 157

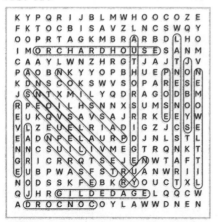

No. 158

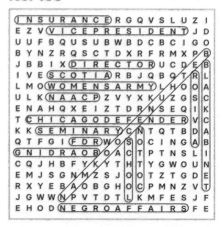

No. 159

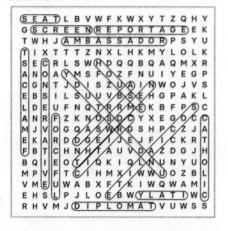

No. 160

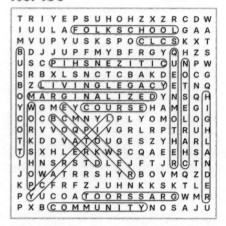

No. 161

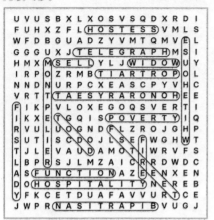

No. 162

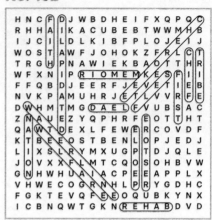

No. 163

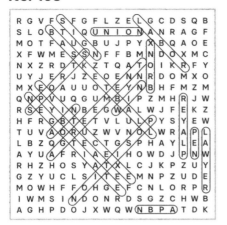

No. 164

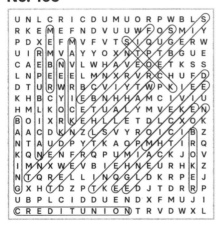

No. 165

No. 166

No. 167

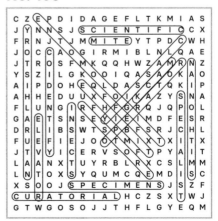

No. 168

No. 169

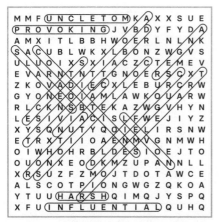

No. 170

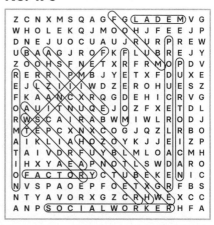

No. 171

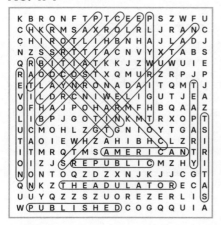

No. 172

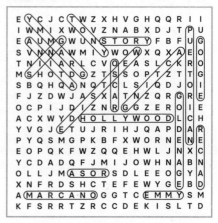

No. 173

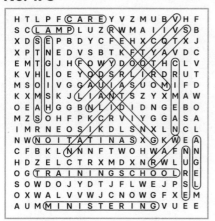

No. 174

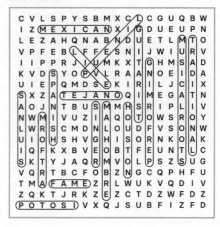

No. 175

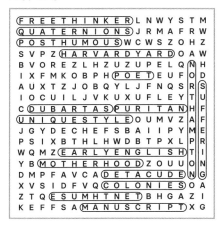

No. 176

No. 177

No. 178

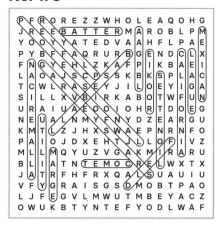

No. 179

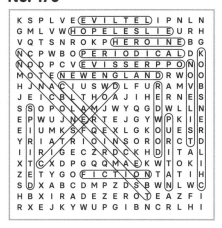

No. 180

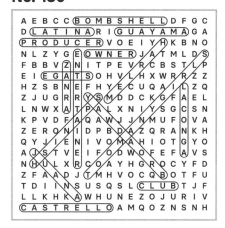

No. 181

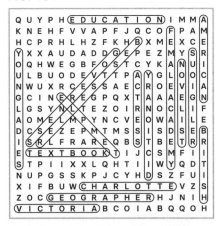

No. 182

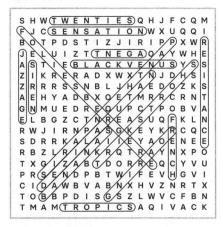

No. 183

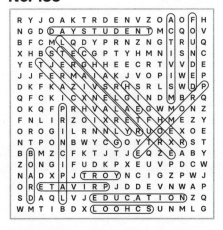

No. 184

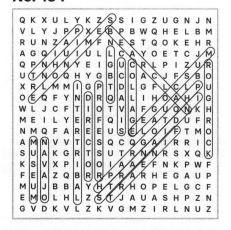

No. 185

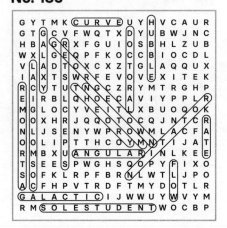

No. 186

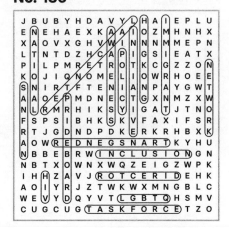

No. 187

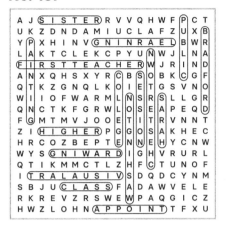

No. 188

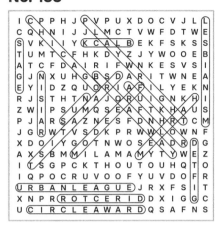

No. 189

No. 190

No. 191

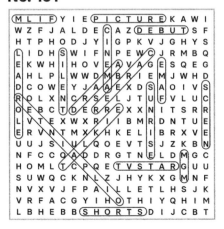

No. 192

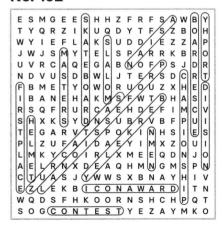

No. 193

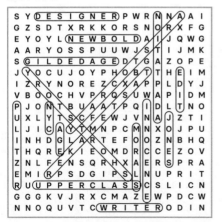

No. 194

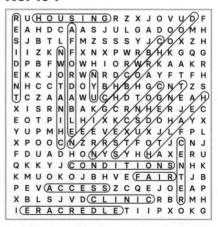

No. 195

No. 196

No. 197

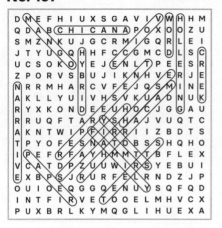

No. 198

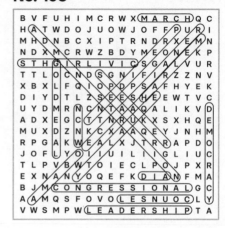

No. 199

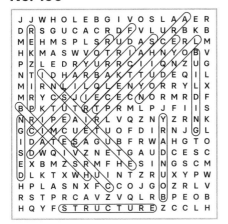

No. 200

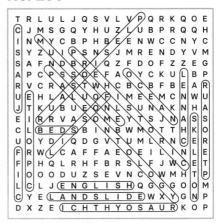

No. 201

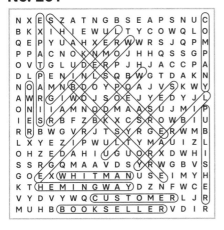

No. 202

No. 203

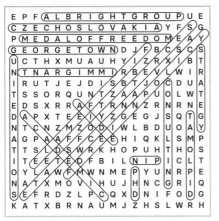